HAZ DE TU VIDA UNA OBRA DE ARTE

Enrique Quezadas

HAZ DE TU VIDA UNA OBRA DE ARTE

OCEANO

HAZ DE TU VIDA UNA OBRA DE ARTE

© 2024, Enrique Quezadas

Diseño de portada: Departamento de arte de Océano / Miguel Fragoso
Fotografía del autor: María Guadalupe García Villanueva

D. R. © 2024, Editorial Océano de México, S.A. de C.V.
Guillermo Barroso 17-5, Col. Industrial Las Armas
Tlalnepantla de Baz, 54080, Estado de México
info@oceano.com.mx

Primera edición: 2024

ISBN: 978-607-557-804-0

Impreso en México / Printed in Mexico

Este trabajo está dedicado a la memoria de José Luis Villanueva, faro de luz entre la niebla.

A mi amado planeta Tierra.

Al hombre y la mujer que pueblan esta Tierra.

Al grupo del "Güero", los que recogen dolor y devuelven amor.

A don Antonio Velasco Piña.

Quien mira hacia fuera sueña, quien mira hacia dentro despierta.

Carl Gustav Jung

Índice

Introducción

En este momento, la civilización humana está viviendo un proceso de transformación fundamental, con miras a un florecimiento. Esta evolución aún debe pasar por diversas etapas y no hay manera de anticipar fechas y eventos, pero está ocurriendo paulatinamente. La transformación es constante en el Cosmos, así como en cada vida. Todo siempre está en movimiento, es una condición eterna. Esos cambios han sido estudiados por las grandes civilizaciones a lo largo de nuestra historia; el calendario maya es un ejemplo, otro es el calendario azteca. A ellos se suma la cosmogonía hindú que habla de los *yugas*, término sanscrito que significa "eras". Este proceso de transformación aún debe atravesar por todo tipo de experiencias, algunas difíciles para nuestra aldea planetaria, ya que hay mucha resistencia por parte de los grandes grupos de poder.

Este libro tiene la finalidad de ayudar al ser humano, en el ámbito personal, a transitar por esta transformación. En todo el mundo hay gente trabajando para acercar a las personas a conocerse de manera consciente y así trascender. Hoy, millones de personas, a partir de su experiencia de vida, están esforzándose en dejar de cargar conductas viciadas, culpas y dogmas. Es una invitación a conocernos.

Mi experiencia como psicoterapeuta me ha acercado a conocer la manera en que se relaciona el pensamiento con la existencia. Por medio de esta vía se puede concientizar a las personas a fin de que hagan ajustes en su experiencia de vida y obtener resultados funcionales.

La filosofía, la psicología y una espiritualidad profunda van de la mano y transitan por caminos concordantes al tener como vertiente el humanismo. Hacer de ti una obra de arte se asemeja a una flor de loto que florece entre el fango. La tarea requiere de una concentrada atención al proceso de vida y una responsabilidad activa, ya que la mayoría de lo que se experimenta en la vida es lo que se siembra.

La condición de la civilización corresponde a la condición de la mente humana. La polarización es cada vez más manifiesta, basta ver lo que difunden los grandes medios de comunicación que, por cierto, tienen una extraña predilección por las malas noticias. No voy a entretenerte con un largo listado de las situaciones caóticas que enfrentamos; si lo hiciera abonaría al miedo que flota como energía negativa en nuestras ciudades y países; ya bastante tenemos de eso.

Hay una manera de abordar el conocimiento de lo que llamamos *consciencia*. Desde una perspectiva común, ser consciente consiste en estar informados y debatir acerca de los aspectos que aclaran o enturbian la realidad. Este libro no promueve ese tipo de "consciencia"; no tengo nada que debatir porque no estoy luchando para imponer un punto de vista.

Es de suma importancia que el humano empiece a construir para sí mismo una ecología emocional, que bien puede tener como base los hallazgos y conclusiones a las que llegaron los grandes pensadores, incluidos los presocráticos, estoicos, epicúreos, escépticos, existencialistas y humanistas. Citaré a algunos de estos filósofos con humildad de rigor, porque considero que el fruto de su labor nos ayuda a transitar por la existencia de un modo más certero; en principio, para dejar de hacernos daño.

Encontrarás también diversas consideraciones de corte espiritual sobre el trabajo que debemos realizar con nuestra experiencia de vida. Abordaremos, ahora sí, la consciencia en términos de tener un acercamiento para saber qué o quiénes somos en un contexto transpersonal.

Aludiré en este libro a la formación de otra consciencia: la planetaria y humanista, que implica un renacimiento como civilización. Si bien ese proceso empezó hace varias décadas —y le faltan aún muchos años para hacerse patente—, lo más probable es que los que vivimos hoy no lo veamos; aun así, ya está germinando. No obstante, hay una manera de experimentarlo en el presente: los millones de personas que actualmente experimentan un encuentro con este tipo de consciencia tienen una responsabilidad sobre su actuar —independientemente de las acciones de los demás—: construir una paz imperturbable. Es eso lo que constituye la nueva consciencia planetaria.

Las siguientes páginas te sumergirán en un proceso personal de reflexión y autoindagación, en desarrollar un ojo que ve hacia dentro para encontrar una brújula interior, donde aprender a vencerte es un ejercicio constante. De esta autoobservación surge otro tipo de verdad, una que se vive y ejerce sin necesidad de imponerla a los demás.

La vida es una experiencia individual; somos seres pensantes y ese hecho ya implica un ego; no obstante, algunas corrientes de pensamiento espiritual le han dado muy mala prensa. El ego no es bueno ni es malo, es una condición con la que transitamos por la existencia; es imposible no tenerlo, vive en nosotros por el hecho de ser individuos. Hablaré sobre cómo enfrentarlo para acercarnos a la plenitud, dominando los vicios de conducta que generan los egos exacerbados.

Me referiré al pensamiento como una alusión al yo, al sí mismo, en términos terapéuticos o curativos, sin soslayar que la cualidad humana de pensar tiene además otras funciones de gran altura, como el arte y las ciencias. El raciocinio tiene como herramienta esencial la lógica, pero en la vida a veces se presentan episodios absurdos e incluso irónicos. Por eso no basta con ser muy inteligentes, hay que desarrollar una sensibilidad, y cada quien distinguirá la propia. Además, citaré algunos fragmentos poéticos porque la poesía muchas veces dice lo que el lenguaje lineal es incapaz de expresar.

Bienvenido a esta lectura.

Haz de tu vida una obra de arte

Desde niño miré a los seres humanos con curiosidad. Al mismo tiempo que me sentía protegido y amado por los mayores, me habitaba la sensación de ser un observador, un testigo. Los adultos que me rodeaban eran buenos y alegres; yo escuchaba sus conversaciones y los veía tomar decisiones que mi mente infantil, comprendía poco. Años después pensé que esa falta de comprensión se atribuía a mi corta edad, pero hoy me lo explico de manera diferente, me sigue pasando lo mismo. Es como si siempre hubiera estado muy dentro de mi persona, como si viera el mundo desde mis ventanas internas. Hoy en día, familiares y amigos cercanos me han confirmado esta idea, así me han percibido: lejano. Mi manera natural de conectar con el mundo ha sido el arte, en especial la música y la poesía. Incluso la psicoterapia la considero un arte. El hecho de convivir con la entraña de la música me ha acercado a la noción de que es posible llegar a la práctica de cualquier actividad, y que dicha expresión llegue a realizarse con un actuar elegante.

Bienvenido a estas páginas, querido lector y lectora. Así como lo he experimentado, sé que también tienes un registro personal de tus recuerdos. Un registro de tus maneras de habitar el mundo. El recorrido de tu vida está presente en todo lo que hoy realizas. Así se han formado tu conducta, tus actitudes y tu personalidad. Sé que a veces te sientes extraviado. Eso lo sé porque yo me he sentido extraviado en ocasiones y eso, a veces, forma parte de nuestro estar en este bello planeta.

He escrito este libro para compartir contigo lo que he percibido en mi andar por el mundo, aún me habita la mirada de la niñez. Es decir, ver a las personas desde la perspectiva de un observador, un testigo del ser humano encarnando su experiencia. Para así poder hacer una aportación a las formas en las que cada cual puede descubrirse. ¿Con que objeto? Para dejar de cargar tanto dolor.

En estas páginas encontrarás algunas líneas que te llevarán a abrir ventanas interiores para conocerte. El conocimiento de ti mismo será la gran herramienta para descifrar algunos candados internos. En mi recorrido hubo un momento en que me encontré con un benefactor, con un maestro. Fue una hermosa etapa de grandes descubrimientos. Seguir a este hombre me sirvió para aprender lecciones extraordinarias. Tal vez la más grande de ellas fue el reconocimiento de que el maestro habita en cada uno de nosotros. Este concepto es algo que doy por sentado en este saludo. El maestro está en ti, es tu aventura y privilegio descubrirlo. Es cierto que el proceso de ese encuentro es diferente para cada persona; la vida del buscador es un hermoso y a veces difícil proceso de ir quitándose la venda, la cáscara. Probablemente tú ya empezaste a andar ese camino, y si no es así, te doy la bienvenida a ese proceso de autodescubrimiento.

Hace unos treinta años, cuando mi maestro estaba cercano a morir, tuve una conversación con él en la que me recordó el propósito de su visita en la Tierra, el cual era compartido con muchos de los que éramos sus allegados. Dicho propósito era abrir todas las puertas posibles para conseguir el florecimiento humano. Grandes seres han venido a nuestro mundo a caminar para realizar esa tarea. La manera en que las leyes cósmicas lo permiten es asumiendo un cuerpo para vivir la experiencia humana tal como la viven el común de las personas. Hoy hay miles de seres aquí, en nuestro mundo, llevando a cabo ese propósito. Algunos son visibles, otros no.

Todos somos el otro y a la vez diferentes de los demás. Cada cual ejerce su tiempo según su historia, su verdad, su interpretación. A inicios del siglo XXI, en aquellos años en que me instruí como psicoterapeuta humanista, comprendí que *no vemos las cosas como son, vemos las cosas como somos.* Por eso expongo que, a lo largo de nuestro tiempo de vida, la facultad que ejerce el pensamiento es la interpretación, que es una creencia que todo individuo abraza como su verdad. Asumir esta verdad es un primer paso para darse cuenta de la condición humana que habitamos. Todos pensamos diferente, porque nos contamos distintas historias en nuestro interior. Esto va construyendo nuestra idea del mundo y tiene que ver con todo lo que nos forma como individuos. Esta primera reflexión acerca de uno mismo nos puede conducir a un verdadero encuentro. ¿Cuándo das el primer paso? Cuando te das cuenta de cómo funcionas. Ese paso es el que da inicio al proceso de autoconocimiento.

Son muchas las maravillas que caracterizan a nuestra mente, pero hay que tener cuidado con su capacidad para especular e interpretar. Eso, interpretar o suponer, es inevitable. Sin embargo, pocas veces suponemos lo que nos hace bien y con frecuencia tendemos a elaborar fantasías catastróficas. Aprender a lidiar con nuestro pensamiento es una de las tareas fundamentales del buscador de sí mismo.

Algunos de los cantos, mensajes y poemas que hago durante mi contacto cotidiano con el mundo tienen que ver con el "desaprendizaje", es decir, con un "borrón y cuenta nueva". Esta práctica ha sido una gran aliada para asumir la vida como *veo que es*, no como me *instruyeron* a verla.

A lo largo de la historia de la humanidad existieron civilizaciones que desarrollaron el suficiente conocimiento para hacer de la vida una obra de arte. Las hubo en Egipto, China, India, Perú, México, en toda Latinoamérica.

En México, el país que me vio nacer, se desarrolló hace siglos la civilización tolteca. Las definiciones que más he leído acerca del significado de la palabra *tolteca* aluden a la connotación de "artista", también "artesano" y "mujer u hombre sabio". Cualquiera de estas definiciones refleja el alto rango cultural que forjaron los toltecas. Era un pueblo muy admirado. Esa marcada admiración provocó que diversas naciones indígenas, antes de la conquista, asumieran la "toltequidad" como camino de conocimiento, cultura que se desarrolló principalmente en la región de Tula, en el estado de Hidalgo, antes de la llegada de los conquistadores al continente americano.

En los diversos estudios que existen se dice que los toltecas eran personas instruidas que vestían prendas elegantes, eran atentos y sensibles. Gran parte de la información con la que se cuenta sobre la toltequidad, o *toltecáyotl* alude a diversos enfoques de conocimiento de la realidad que nos rodea. Se refiere también a una singular metodología para no ser víctima de sí mismo. Mucha de esta sabiduría la encontramos en la obra *Los cuatro acuerdos,* de don Miguel Ruiz, y en *Las enseñanzas de don Juan,* de Carlos Castaneda.

Hablar del estudio de esa tradición, nos sitúa en la noción de que cada humano es un artista de su propia existencia. Esto significa, a su vez, que todos tenemos el poder de la creatividad. El tolteca es un artesano de sí mismo y ejerce sabiamente su tiempo, ya que es lo único que tiene.

Hablando en esos términos: si la vida es un lienzo en blanco, tú tienes el pincel en la mano y cada trazo es tu decisión. Tú decides si empleas un lápiz, un carbón o las alegres tintas de la acuarela. Es tu decisión si le das relieve a tu obra y a veces, aunque no siempre, te puedes dar el lujo de borrar o corregir. Los episodios de vida pueden ser diversos cuadros, pero al final tendrás suficientes para exponer en una galería el recorrido de tu andar por el mundo.

Si la vida es silencio, tú eres un instrumento, a veces hay que pulirlo, quitarle las adherencias, ajustar sus partes, renovar las zapatillas o las cuerdas. ¿Con qué finalidad? Para que suene como tú sabes sonar. En el estado actual de la civilización hay miles de millones de personas sonando sin escuchar otras sonoridades, otros instrumentos. Esto es así porque no somos una civilización avanzada; te habrás dado cuenta de que el concierto humano resuena como guerra, como crisis sostenida, retumba como un yo, yo, yo, mío, mío, mío...

La orquesta humana puede sonar con una elegancia universal. En el corazón de cada instrumento se presiente la lejana posibilidad de un concierto. Se pueden encontrar grandes instrumentistas sonando así, como si un tañido interno los impulsara. Su sonido no depende de su posición social ni de tener gran audiencia; no necesitan testigos, suenan para quien esté cerca. Se saben instrumento y se ejecutan con maestría. Se saben y se revelan siendo, expresando el júbilo de existir. En tu canto, estará bien si al sonar le cuentas un cuento del mundo al mundo, tu cuento, pero cuídate de incurrir en la eterna queja, pues la estética de ese canto se puede ver afectada por una triste historia, la historia de la víctima.

Si la vida es un escenario, tú eres el actor. Ciertamente el escenario no es igual para todos, pero al final el aplauso se lo gana la mejor actuación y ese aplauso te lo das tú. Aclaro que no estoy hablando de un narcisista en el podio; estoy hablando de un ser consciente. Hay actores que hacen un banquete de un pedazo de queso y un poco de agua, y hay actores que pueden hacer un drama, con pocos brillos. Una gran comedia o un drama, tú decides.

Si la vida es una roca, eres el escultor; tu cincel y martillo pacientemente van quitando fragmentos de esa gigantesca piedra. Durante el largo proceso de esculpir no tienes en mente la roca, sino lo que está debajo de ella, por eso sigues hasta encontrar su esencia.

Se cuenta que Manuel M. Ponce, el gran compositor mexicano de principios del siglo xx, admiraba la obra de un gran escultor, su amigo Jesús F. Contreras, quien había perdido el brazo derecho a causa de una enfermedad. Esta desgracia no le impidió continuar trabajando. La pieza que él realizó en mármol usando sólo la extremidad izquierda es la imagen de una mujer desnuda y encadenada, y llama la atención que su rostro está levantado dignamente hacia el frente. La escultura lleva un título en francés *Malgré tout*, que en español sería *A pesar de todo*. Este suceso llevó a Manuel M. Ponce a componer una pieza para piano que se ejecuta solamente con la mano izquierda y cuyo título es también *Malgré tout*. La hermosa obra está disponible en YouTube para quien desee escucharla.

Podría seguir citando disciplinas artísticas, desdoblando analogías, pero resumo: si la vida *tienes* es porque la vida *eres*. Que eso baste por el momento para conmover el corazón, de entrada al tuyo, querido lector. No necesitas tocar un instrumento ni ser un gran escultor, basta con ser consciente de que la ética y la estética son gratuitas y edifican una vida elegante, así, sin hacer mucho ruido —incluso sin la necesidad de ser reconocido—; así, paso a paso, te lo puedes regalar.

Entonces todo cambia, el mundo se transforma, se ve y se vive en él de manera diferente, otros instrumentos se acercan, les dan ganas de sonar, se oyen sonidos concordantes, cercanos al concierto de una orquesta.

Éste no es un libro de autoayuda; es una llamada de atención que viene desde tu más honda posibilidad. Es así porque, aunque es un libro que habla de ti, habla mucho de un nosotros. Vivir no es fácil. Todos deseamos estabilidad, pero la vida no se está quieta y siempre nos sorprende. Todo el tiempo estamos renaciendo, resolviendo problemas y no existe una postura correcta cuando se está en movimiento. El problema no es equivocarse, nadie está a salvo del error y el mayor de todos los yerros consiste en culpar a otros de lo que vivimos.

Tú decides. Hay miles de cursos con todos los títulos posibles. Seguramente has escuchado eso de "Siete pasos para ser feliz". Otras veces encontrarás que son nueve o diez los pasos para alcanzar el éxito. En lo personal no elijo tomarlos, pero en el campo del desarrollo personal las posibilidades son infinitas. Lo que sí creo es que el mejor curso es el que te lleva hacia dentro de ti, porque ahí vives, tu vida es tu casa, es ahí y sólo ahí donde se puede desarrollar el difícil arte de transformarse a sí mismo. Y por supuesto, ese camino conlleva resultados.

Los toltecas, los budistas, los mayas, los taoístas y numerosos filósofos griegos eran portadores de una valentía moral inquebrantable que dependía absolutamente de la conciencia. Pero también existe la otra postura, la del uso y manipulación del otro para el beneficio propio. Muchas de las personas con las que he conversado no hacen el esfuerzo por construir esta consciencia porque se saben en un mundo donde la trampa y la utilización del otro es la regla; y tal como es la regla es el juego, así que reproducen el juego, el del dolor.

Mi objetivo no es tratar de convencerte, sino más bien de acercarte a la posibilidad de algo diferente. Quiero invitarte a realizar una mirada interior. Hacer de tu vida una obra de arte es un regalo que te das, es algo de ti para ti. De todos modos el mundo seguirá su rumbo. Hazlo por ti, después verás que cada quien está en su lugar.

El alegre, el enojado, la palabra

Decía el maestro Jesús: "No es lo que entra en su boca lo que contamina al hombre, sino lo que de su boca sale". Las diversas biblias citan lo dicho por el Nazareno según relata Mateo. Algunas emplean otra redacción, pero al final el mensaje es el mismo.

Las personas hablan y al decir exponen su interpretación del mundo. Su expresión puede ser de alegría o enojo; pueden dañar con sus dichos al otro, sí, pero al final se dañan a sí mismas. Es importante aclarar que el enojo es un sentimiento natural. De hecho, el no expresarlo puede resultar tóxico. Sin embargo, también es cierto que hay personas que viven con amargura, tienen muy mal genio y lo descargan en los demás. En suma, son individuos que viven con enfado. "Es que tiene el carácter muy fuerte", suele decirse para justificar a estas personas, cuando la verdad es que se trata de una manera enfermiza de relacionarse consigo mismas y con los demás. El siempre enojado ve afuera lo que trae dentro. Es este enfado el recurso de un ego exacerbado, es lo único que tiene para fortalecerse.

Cuando el enojado descarga su energía sobre ti está hablando de sí mismo, no de tu persona. Responder a sus insultos genera un juego energético que se arremolina y puede terminar en cualquier cosa. Esta situación se expande a todos los ámbitos, desde el individual hasta el social, pasando por lo político, lo religioso e incluso en las relaciones internacionales.

En ocasiones la persona es títere de sus propios impulsos, le hierve la sangre, altera su cuerpo; pero todo viene de una interpretación propia, de una ebullición mental que toma posesión del organismo. Es muy raro que una persona que ha trabajado en su interioridad caiga en este tipo de manifestación. El enojado no está hablando del mundo, está hablando de *su* mundo.

Sé, por otro lado, que una alegría constante empalaga; es sólo una pretensión, no es difícil que se desvanezca cual disfraz, pero también es cierto que hay dulzura en los cientos de aspectos que nos rodean. Cuando se vive atento a percibir estos aspectos todo fluye fácil hacia dentro. Profundizaré en esto más adelante, pero es importante señalar que: estás donde está tu atención.

"La cortesía es la aristocracia del corazón", decía Octavio Paz. Ésta es una definición poética, pero también muy certera de dicha virtud. No acostumbro a navegar en una barca optimista, las más de las veces me descubro neutro, pero si hay que elegir prefiero ponerme del lado de la cortesía. Mas no por cortés hay que ser hipócrita.

Creo que la cortesía es resultado de un caminar consciente y una sonrisa verdadera, no impostada, es una manera de conectar con los otros. Está ligada a la compasión, pero no una compasión entendida como lástima, como malamente suele interpretarse. Me gusta la explicación de la compasión que ofrece André Comte-Sponville en su *Pequeño tratado de las grandes virtudes*. Este autor francés afirma que es "alegrarse por la felicidad del otro y entristecerse por su desgracia". Identificar el propio andar en esa ruta es tenerse en alta estima, prepararse para saborearse a sí mismo con finos ingredientes.

Cualquiera de los dos caminos comentados es tu hábitat, tu ecosistema, lo que das al mundo y... por cierto, lo que recibes a cambio. Y aprender a navegar es también habitar las dos energías con sobriedad. Para el artista de su propio andar (el que quiere hacer de su vida una obra de arte), una buena ficha a mover en el tablero es habitar la congruencia; asistir, mediante la coherencia, a los espacios personales para verificar su estado.

La atención corporal nos lleva de inmediato a revisar el estado de nuestra nave, esta que se desplaza con un par de piernas, que toma cosas con las manos, que huele, mira y escucha, este cuerpo con el que transitamos por la vida. Si estás atento a tu nave corporal te darás cuenta de que su buen funcionamiento tiene que ver con la salud, y ésta está asociada con los cuidados y también con los excesos; la salud tiene que ver con aprender a escuchar el cuerpo (porque el cuerpo tiene sus razones), es la naturaleza en sí misma. Vivimos en una nave que siente y respira mientras late. Ésta, nuestra nave, tiene características específicas para percibir y, de acuerdo con esa percepción, conoce. Pero hay que reconocer sus limitaciones: hay frecuencias que tu oído no percibe, rayos que tu ojo no ve y el olfato humano es muy limitado en comparación con el de otras especies. Muchas cosas que afectan al cuerpo andan por ahí; no las distinguimos, pero nos dañan, hay que saberlo. A veces, la gente cree que si no ve y no oye algo, ese algo no existe. Hay que abrir las puertas a la percepción. Eso ocurre en nuestro interior. Hay técnicas de masaje corporal que trabajan desbloqueando emociones atrapadas. He sabido de gente que llora durante el tratamiento, como si hubiera sentimientos atorados en regiones de su organismo. La antigua medicina oriental lo sabe desde siglos atrás: los tratamientos de acupuntura inciden en canales energéticos corporales que tienen que ver no sólo con el cuerpo físico, sino también con el energético que, junto con el pensamiento, constituyen un sistema operativo. El cuerpo emocional está ligado a los sentimientos y de los sentimientos se desprenden muchas vivencias. Hay, de hecho, varios estudios sobre el tema. En México destaca el libro *Emociones, sentimientos y necesidades. Una aproximación humanista,* escrito por la profesora Myriam Muñoz Polit. Debo advertir que es una lectura para psicólogos y psicoterapeutas. Más allá de estos estudios hay una cuestión fundamental: reencontrar el camino a la alegría es necesario, y si se dañó hay que repararlo, un cuerpo sano se pone alegre solo.

Ser feliz por ser

Existen en el entorno numerosos cursos de motivación, impartidos por profesionales en este terreno. Algunas empresas los contratan con el propósito de aumentar la productividad de sus empleados. También hay cursos dirigidos a equipos deportivos y diversas agrupaciones de personas que buscan mejorar su rendimiento. En estos cursos, el término *motivación* se usa de manera genérica, incluso para recuperar la confianza en la vida. Quien requiere de este tipo de motivación probablemente no se ha dado cuenta de la maravilla de *ser y estar*; entonces se aburre porque de alguna manera no puede verse, necesita obtener afuera lo que no ve dentro. Es gente que ha perdido la capacidad de asombro. Tristemente hay personas a las que, al parecer, les estorba el hecho de existir.

En la historia de la filosofía se pueden encontrar profundas reflexiones que nos muestran que muchas cosas están fuera de nuestro control. Reconocer esta verdad, asumirla, nos ayuda a fluir. Y fluir tiene que ver con no engancharse con el sinnúmero de situaciones que vivimos. No fluir nos lleva a luchar.

En alguna ocasión me encontraba conversando con un sujeto al que apenas empezaba a conocer. El hombre me preguntó: "¿Y cuál es tu lucha?". Este breve comentario me ayuda a mostrar cómo hemos sido educados, ocurre que el individuo no sabe lidiar con la incertidumbre, entonces lucha y mantiene expectativas a futuro. Hay una especie de manía por el control, hay cosas que podemos controlar, cierto, pero hay una infinidad de eventos que no están bajo nuestro control. En esos casos es útil aceptar que *está* lo que *está* y es lo que *es*, aunque la situación a veces sea un sinsentido. La aceptación es un tema del que vamos a hablar en estos capítulos, aclaro que no es lo mismo aceptación que conformismo, por supuesto que hay cosas que podemos cambiar, pero vayamos poco a poco.

"No vivo luchando", le respondí a este hombre y él abrió mucho los ojos sin saber si podía seguir conversando conmigo. Me imagino que este hombre asociaba la lucha con la felicidad. "Luchar por ser feliz" es claro que no se nos educa para ser felices por el hecho de existir, es como si dijéramos "existir es lo de menos, yo requiero que ocurran estas cosas para ser feliz".

Desear que las cosas te "hagan feliz" te vuelve completamente dependiente de las circunstancias. Es cuando el ego se dedica a lamerse las heridas. Sé que hay experiencias muy difíciles de trascender, que hay momentos sumamente duros y tristes. No minimizo esta parte de la realidad, pero también sé que podemos aprender a lidiar con la frustración. Este aprendizaje es propio del crecimiento de las personas. A veces el descontento proviene de la comparación de nuestra vida con la de los demás, como si la vida les hubiera dado a los otros justo lo que nosotros carecemos. En esos casos aparecen la envidia, el descontento, la inconformidad que se traducen en dolor. El mismo hecho de estar dependiendo de situaciones sin nuestro control nos puede llevar a la desesperanza.

No te compares, no dependas y serás absoluto

Qué aburrido sería el mundo si se la pasara dándome gusto, cumpliendo mis deseos. El mundo es lo que es y lo que está, por lo que hay dos opciones: fluir o engancharse. Sé que moverse en función de satisfacer nuestras necesidades es esencial; de hecho, de eso se trata la existencia. Pero hay una opinión pública que le cree mucho a lo que promueven los comerciales televisivos. Éstos tienden a frivolizar la vida creando necesidades falsas, o bien a difundir la noción de que, debido a la gran tecnología con la que hoy contamos, tenemos resueltas preguntas existenciales, y no es así.

Ser feliz por ser, es ser feliz sin depender. Tenemos la vida porque poseemos el ser, ese ser no tiene explicación racional. Los poetas y los filósofos como Martin Heidegger hablan de esa búsqueda. He llegado a conocer personas que poseen una alegría irrenunciable, hombres y mujeres que no necesitan motivos para ser felices. Ésta es la mayor libertad que existe; si dependes de los motivos, puedes vivir en la cárcel de la tristeza.

En las afueras de un mercado cercano al lugar donde está mi casa, hay una mujer que siempre saluda a todos los transeúntes. Ella hizo suyo un pedazo de calle donde expone la ropa usada que vende. Se me ha hecho costumbre saludarla pues ella siempre me saluda. Ignoro cómo se llama.

"¿Usted de dónde saca la alegría?", pregunté cierto día a esta mujer. "Tengo buena salud, Güerito", me respondió con sencillez. Ella tiene su propia verdad como sustento; "buena salud", me dije al abordar mi automóvil. ¿Quién la puede convencer de lo contrario? "Con qué poco se conforma", podría argüir el pensamiento dominante, pero yo no creo que la puedan sacar de su cotidiano y alegre andar con esos argumentos. El cuerpo sano es alegre por naturaleza, decía yo; me recuerda a los delfines saltando en el mar o bien a los caballos salvajes corriendo en los llanos. Ella no necesita mucho para estar contenta, su sabiduría es muy simple: es feliz por el hecho de ser. La alegría de ser se puede traducir en lo que cada cual guste expresar según su propio afán existencial; el objetivo primario es ser y estar, de ahí expresar.

La anécdota que acabo de relatar sobre esta alegre mujer me lleva a la reflexión de que tenemos un origen inexpugnable. ¿Quién nos diseñó? La respuesta no está en los procesos del pensamiento. Esta vida es experiencia, pero confundimos nuestra experiencia con nuestro origen, el cual tiene un fondo universal. Somos un invento de otra inteligencia. No está en nuestras manos ubicarla de manera concisa, pero hay formas de acercarse, y una de ellas es mediante la percepción de uno mismo. Por eso la meditación es de gran utilidad para conocernos, ya que consiste en un estar presente, detiene el ruido mental que por lo general confunde; en la meditación, el silencio ayuda, el silencio habla.

Tú ya eres, y tu origen estelar no está en juego.

Del miedo

Pensar es hermoso, es como cultivar flores en el desierto. El pensamiento puede organizar casi cualquier cosa: levanta edificios, atiende enfermedades, nos hace volar entre las nubes, escribe sinfonías... Es algo asombroso.

Pero la otra parte del pensamiento, esa que tiene que ver con la identificación con el diálogo interno, despliega una palabrería propia; el pensamiento es similar a alguien a quien le gusta oírse hablar, va y viene ensimismado, le gustan las explicaciones y los argumentos, va venciendo a otros mediante las ideas. Ciertamente, hemos puesto atención en un pensamiento que, si no mata, se suicida; capitán de una nave que sufre, genera miedos y navegará así hasta el momento en que empiece a labrarse un autoconocimiento, la propia comprensión, la exploración de sí mismo.

El miedo, por otro lado, es un sentimiento natural, tan natural como lo son la alegría, la tristeza, el enojo y el afecto. Esto se aprecia claramente en todos los seres vivos. El miedo puede sernos muy útil, nos sirve para ponernos a salvo y, en todo caso, atacar nos puede ayudar a sobrevivir. Se activa en uno de nuestros cerebros, el reptiliano. Esta clasificación responde a la teoría de Paul McLean, en la que se subdivide el cerebro en tres: neocórtex, límbico y reptiliano. Mas allá de estas teorías, ese tipo de miedo es funcional. Pero quiero hablar aquí de otro miedo que está ligado al dolor, a la impotencia, a la limitación y a la baja autoestima. Este miedo es muy fuerte, gobierna y ha gobernado los destinos humanos por milenios. De hecho, a la persona común le resulta más inmediato contactar con el miedo que con el amor; se promueve más la preocupación que la confianza.

Hace años escuché lo siguiente: "Lo contrario al amor no es el odio, lo contrario al amor es el miedo". Con el paso de los años he confirmado esta aseveración. Ese miedo se traduce, en algunos casos, en resentimiento y odio. No se deja de tener miedo por decreto. Tampoco se trasciende el miedo evitando en lo cotidiano enfrentarnos a nuestra sombra, efectivamente da miedo; sin embargo, lo otro es vivir sin conocerse.

Confío en la vida como un proceso. Es una fe en algo que me tiene aquí experimentando, estando y sintiendo. No tengo más que la palabra para referirme a ese estar aquí, nada más siendo, no hay nada que hacer más que ser. Se es en soledad, aun cuando estoy con otro somos dos solos que estamos juntos. Solos nacemos y solos nos iremos; así es esta aventura, la aventura de estar vivos.

Hacer de tu vida una obra de arte tiene que ver con enfrentar tus miedos; hacerlo te quitará cargas, te llevará a nacer de nuevo más allá de creencias adquiridas en nuestro entorno. A esa experiencia le llamo "nacerte". Nacerte no es más que el descubrimiento de quién eres, has sido y serás.

Al terminar cada capítulo, ofreceré a mi lector un compendio de máximas, a modo de reflexión.

ೞ Máximas ೞ

ೞ Aunque la mente humana es una maravilla, también es la responsable del gran sufrimiento humano. No te creas todo lo que piensas. Tú te lo vendiste, tú te lo compraste. No te involucres ni te enganches en todas las situaciones que vives, sobre todo si estás generando o generándote dolor.

ೞ La autorregulación es un primer paso para una vida consciente. Ser maestro de ti mismo es un excelente paso para acceder a tu propia energía, aquella que te trajo a la vida donde no todos vinimos a hacer lo mismo. La autorregulación es autoobservación, concentración y práctica.

ೞ Una humanidad consciente de sí misma no generará dolor; la tarea de cada ser humano consciente consiste en no reproducir como una campana el dolor en su interior, y no producirlo a los demás. La gente discute, debate; las personas luchan afirmando un "yo" sin darse cuenta de que confrontan a otro "yo" que fue educado de la misma forma.

༅ Aceptar la realidad no es sinónimo de que te guste, ni es conformismo. Sólo hay que asumir que la parte del mundo que puedes cambiar es la tuya. Saber que puedes ser creativo para sentirte mejor te acerca a la sensatez.

Trascender es trascenderte

La tarea del desarrollo de la consciencia consiste en quitar capas: viejas adherencias en la experiencia humana con miras a un florecimiento. El proceso ha comenzado para la humanidad y la manera de insertarse es individual; nadie lo puede hacer por el otro porque incluye el encuentro con la propia sombra, es decir, con todo aquello que vive en nuestro interior pero es desconocido. Es un proceso de constante autodescubrimiento; sabemos poco de nosotros mismos. Al mismo tiempo, así como palpita el corazón, el cúmulo de ideas no deja de moverse, exige atención a tal grado que la persona se encuentra identificada completamente con este motor que no se detiene. Para trascenderse hay que conocerse.

Si te crees todo lo que piensas estás en manos de ese motor, el cual nos hace vivir la insatisfacción como hábito. Al mismo tiempo, el entorno promueve estímulos que están dirigidos al consumo de objetos como un camino a la felicidad. Por supuesto que tienes tus metas a cumplir, eso es muy respetable, pero no somos plenamente conscientes de hasta qué grado estos estímulos externos se confunden con nuestros objetivos y necesidades primordiales. La línea es delgada y confusa. Cuando la insatisfacción se detecta como hábito comienza un trabajo interno de autorregulación; esa introspección abre un camino ancho y largo, es como una limpieza en la que te vas quitando capas y capas y, al recorrer el sendero, te vas volviendo más ligera o más ligero. Transitarlo te acerca a ti, porque el maestro está en ti, pero es cierto que en dicho proceso a veces se requiere un guía.

El guía

El guía aparece solo y tiene su propia naturaleza. El guía también se está buscando, pero su paso aventajado ayuda a los que están empezando. Puede estar contigo un periodo corto o bien permanecer cerca de ti por años. Yo tuve un maestro, pero he tenido también guías; algunos de ellos ya no están aquí, pero todos me dejaron honda huella. Los hay en todas las disciplinas, mujeres y hombres, algunos son chamanes o abuelos de diversas tradiciones, pueden ser artistas, yoguis, ecologistas, filósofos, poetas o científicos. Todos ellos emanan una energía que nos motiva a seguirlos. Precisamente tengo a la mano el ejemplo de una persona que fue un guía en mi camino.

Conocí a un hombre que se comunicaba con los volcanes, en especial con los dos colosos que se pueden observar desde la Ciudad de México: el Popocatépetl y el Iztaccíhuatl. Este hombre fue un gran escritor. En sus libros califica a los volcanes como "chakras planetarios". Así como nuestro cuerpo tiene chakras, explicaba este hombre, el cuerpo de la Tierra los tiene también. Estos centros energéticos se pueden activar en el momento o era planetaria que transcurrimos. Sin llamarse a sí mismo historiador, en sus libros hizo una resignificación de múltiples sucesos históricos en México, dándoles una connotación energética que tiene que ver con los vaivenes de su época. Los eventos históricos así narrados se nos revelan de modo diferente, es cuando podemos apartar la lupa antropológica y abrirnos a connotaciones místicas.

Este hombre, quien fue mi amigo, fue el escritor Antonio Velasco Piña. Un día nos invitó a un grupo de personas a realizar una caminata ritual por el bosque de Chapultepec, lugar emblemático de la Ciudad de México. La cita fue a las siete de la mañana en la casa donde él tenía su despacho, en la calle de Alumnos, en la colonia San Miguel Chapultepec. Nos pidió asistir vestidos de blanco. Llegamos puntuales y de su casa caminamos un par de cuadras hasta llegar a las rejas que marcan la entrada al bosque, a la altura de donde se encuentra un lugar llamado el Foro Romano. Ahí, muy cerca, nos señaló un viejo ahuehuete. En sus libros aparece que el nombre del árbol es "El Sargento". Se dice que fue plantado por el señor de Texcoco, Nezahualcóyotl, a petición del tlatoani mexica Moctezuma. Nos describió el árbol como uno de los guardianes del bosque, ya que ahí, en Chapultepec, han ocurrido a lo largo de los siglos grandes eventos en México. Con medio siglo de vida, el árbol que está aún ahí empezó a envejecer en los años sesenta y actualmente se ha secado por completo.

De ahí iniciamos la caminata ritual. Antonio nos pidió entonces que, a partir de ese momento, guardáramos silencio y lo siguiéramos sin perder la concentración. Se colocó al frente y dobló una de sus rodillas para indicar un marcial paso redoblado e iniciamos la marcha, no con rigidez militar, pero sí con gran seriedad y atención. Poco a poco se hizo visible el Castillo de Chapultepec, situado en un pequeño cerro rodeado de jardines. Ahí se detuvo y nos habló de los Niños Héroes, seis jóvenes cadetes que defendieron el castillo que se alza allí contra la invasión norteamericana en 1847. Al llegar a las cercanías del lago cruzamos por diversos puentes. Antes de atravesar el primero nos explicó que cada cruce por estos puentes simbolizaba un cambio de estado de consciencia; entonces los caminantes asumimos que ese cambio se representaba con la meditación personal y, al mismo tiempo, marcaba parte del proceso histórico de México. Una caminata de esta naturaleza se convierte en meditación, en un transcurrir contemplando la belleza del bosque mientras se escucha el ruido de los pasos sobre la hojarasca.

La experiencia duró un poco más de una hora. Después volvimos a su despacho donde atendió a nuestras preguntas y comentarios. Mi cercanía con Antonio Velasco Piña me otorgó, gracias a su entrega y ejemplo, otra interpretación de la realidad. En paz descanse.

El trabajo interior

Escribo desde todos los ángulos posibles para transmitirte que la belleza no está en lo que ves, sino en cómo lo ves. Dicho de otra forma: la belleza está en el ojo del observador. Eso implica un desarrollo de la consciencia; el nivel de consciencia es un proceso que tiene un ritmo y ese ritmo es personal. El sendero del autodescubrimiento está lleno de sorpresas; al principio el buscador actúa como sus maestros, pero poco a poco se va encontrando en su camino. Para ilustrar este punto en cuanto al aprendizaje haré una analogía con un comentario que se atribuye a Jorge Luis Borges cuando se refería a quienes estaban aprendiendo a escribir. Lo recuerdo así:

> Todo aprendiz de escritor pasa por cuatro etapas, la primera es que escribe como cualquier persona, la segunda etapa es cuando escribe como sus maestros, en la tercera el escritor encuentra su propia voz, la cuarta etapa consiste en que el escritor vuelve a escribir como cualquier persona, pero se nota en sus escritos que ha pasado por las tres etapas anteriores.

Así es también la naturaleza del camino del buscador. Imitando primero, pero aprendiendo. A veces acompañado, a veces solitario, siempre reflexivo, comprende, se confunde, avanza y se regresa. Y es que los parámetros del pensamiento lineal suelen clasificar para conocer, pero aquí el tema a conocer es la vida, y en la vida todo tiene que ver con todo y cada cual está en su derecho de asociar temas y eventos para descubrir cómo funciona la vida. A veces el buscador genera un método propio de comprensión de la realidad, esa metodología es intransferible.

Por supuesto que estas cuestiones tocan los linderos de lo que se ha dado en llamar "espiritualidad". No me peleo con el vocablo, lo uso a veces para expresarme, pero no me convence del todo, ya que el término *espíritu* es un concepto inasible. La comprensión de este camino la podemos hacer menos dogmática si le llamamos "la vida". Es en la vida donde interactuamos con diversas creencias, inercias educativas, sociales y hasta políticas que nos marcan un estar en el ahora, todo con miras a descubrir esas capas de viejas tristezas y alegrías que cargamos en lo personal y como especie.

Un concepto esencial que se trabaja en psicoterapia es la responsabilidad. Es decir, las cosas que nos ocurren tienen que ver con cómo actuamos; siempre hay una causa y un efecto, un antecedente y un consecuente. Es importante darte cuenta de que eres tú quien decide tus pasos, lo que en tu vida ocurre está relacionado con lo que vas decidiendo, aunque no siempre el resultado es lo que deseas. Puede ocurrir incluso que en tu vida pase lo que otros quieren, que alguien gobierne tu vida. Cuando tu vida está gobernada por otros eres víctima de esa situación y será tu responsabilidad soltar esa experiencia.

A veces, la vida de las personas puede estar dirigida por diversos personajes: pareja, padres, hermanos, o bien amigos cercanos que ejercen cierta presión en sus decisiones. Pero recuerda que sólo los niños y adolescentes pueden ser dirigidos, no los adultos. Entonces, los adultos que son dirigidos no han madurado, actúan como niños.

Con frecuencia, cuando las personas viven en un entorno que los domina no lo saben, o no lo quieren saber, pero es vital sacudirse a estos personajes gobernadores de vidas ajenas, quienes, por lo mismo, tampoco muestran signos de madurez. La responsabilidad aparece cuando eres capaz de reconocer algunas decisiones

erróneas. En esos casos la capacidad reflexiva se traduce en crecimiento. Parece fácil, pero no lo es. Sin embargo, es posible mirarse.
He visto a personas arrancarse el dolor sostenido por años, dejando
de mantener una idea de la vida inculcada por una mala educación,
a veces ese dolor es profundamente desgarrador, por eso cuando esa
carga se deja de sostener a menudo escuchamos la frase: "Me siento
como otra persona".

La vida es como la hacemos. Casi todo lo que experimentas
como realidad tiene que ver con tus modos de respuesta, los que
revelan cómo te relacionas con la existencia. Mucho de lo que sostenemos como cierto fue inculcado, no comprobado, lo vivimos y
mantenemos porque nos da sentido de pertenecer a algo. Así son los
sistemas de creencias que, al final, son sólo eso, creencias.

Las dos energías

Estos sistemas de creencias han sido transmitidos y adquiridos a lo
largo de los siglos, algunos se aprenden en la familia. Otros sistemas de creencias, como las religiones (que también son inculcadas)
funcionan con base en la amenaza del infierno, vivir amenazado
es sumamente tóxico. La mayoría de esos sistemas han colocado a
la mujer al servicio del hombre, sosteniendo la desigualdad como
mandato divino. Pero la mujer, como representante de la energía
femenina, es la otra parte del mundo. Poco a poco y a través del
tiempo, la raza humana se va acercando a caminar con sus dos piernas: la masculina y la femenina. Este tema es de vital importancia
para la trascendencia humana.

La historia humana es de naturaleza patriarcal; es decir, es el
resultado de las luchas masculinas por la sobrevivencia en al menos
los últimos cinco o seis mil años, que es de lo que tenemos registro.
Ante el espíritu combativo del dominio masculino y sus guerras y

conquistas, las mujeres protegieron a los niños teniendo como resultado este silencio histórico en esos ámbitos. Al mismo tiempo, la
mujer ha encontrado siempre la estrategia necesaria para hacer valer su presencia, es cierto, pero los sistemas de creencias las más de
las veces son cerrados y férreos. Basta recordar el caso de sor Juana
Inés de la Cruz para ilustrar lo expuesto. Al ser una mujer brillante y talentosa se tuvo que enfrentar a una estructura clerical rígida
y llena de prejuicios y dogmas. Sor Juana demostró su valía una y
otra vez ante los representantes de las ciencias de su época; amaba estudiar, amaba escribir, siempre lo hizo hasta que las fuerzas
eclesiásticas la hicieron callar por conducto del obispo de Puebla,
quien la obligó a recluirse en silencio, dedicándose sólo a las labores
religiosas.

La civilización actual empieza a andar poco a poco con las dos
energías. De hecho, cuando he tenido la oportunidad de impartir
cursos de meditación y consciencia, la mayoría de los participantes
han sido mujeres. En buena medida, la transformación de la civilización en la era posmoderna tiene amplia participación femenina.
Varones y mujeres nos complementamos. La sensibilidad femenina hoy se hace notoria y es necesaria en el proceso de transformación
planetaria.

Para todos nosotros, la imagen de la mujer tiene amplias connotaciones, sobre todo las de la figura materna. Como tú, nací de una
mujer, fui cargado y alimentado por una madre terrestre de mirada lejana y acciones resueltas. Mi percepción de la mujer tiene que
ver con su recuerdo; es a través de esa imagen que hago contacto
con la cualidad y el poder de la energía femenina. Mi madre no era
feminista, no sabía nada de eso, nunca leyó a Simone de Beauvoir,
ni supo de Madame Curie; sin embargo, siempre hizo valer su punto de vista: era la torre estructural de nuestra casa y mi padre la
respetaba.

Energía y vibración

La transformación planetaria ocurre de persona en persona; nadie le hace la tarea al otro, no se puede impactar en lo universal si no se impacta en lo particular. Es responsabilidad de cada ejemplar humano trabajarse para trascenderse; la revolución más contundente es la que se hace en sí mismo, en un encuentro con la propia circunstancia.

Los sistemas de creencias y religiones han pervivido por la misma necesidad humana de buscar su origen. Están ahí para quien los quiera experimentar, no es mi propósito alejar a nadie de sus creencias, pero sí lo es transmitir la necesidad del alma de conseguir un propio andar que abra el significado al encuentro con un cosmos de dimensiones indefinibles. Por eso puedo decirte que eres la vida misma, la vida te deseó y por eso estás aquí, y mediante tu experiencia ese gran espacio-tiempo se manifiesta, se recorre, se descubre. Puedes llamarle Dios, el Padre, el Universo, el Absoluto, el Altísimo, la Fuente Divina. Nómbralo como quieras, y deja que los otros lo llamen como quieran, es bien importante que lo mencione. Algunos de mis pacientes sufren un férreo señalamiento por parte de sus familiares y amigos por el hecho de no pertenecer a la misma iglesia, al mismo sistema de creencias. Son amenazados con el infierno y los fustigan de modo delirante diciéndoles que viven en el error. Es así como el practicante de esa creencia se convierte en un verdadero verdugo de quien no piensa de la misma manera, y es así como se manifiesta alejado del amor que su iglesia predica.

Hay una energía que habitamos de modo fundamental. Esa energía se vive, se siente, se experimenta. La divinidad, si existe, no tiene la misma explicación para unos y otros, por eso me parece congruente la postura de los agnósticos, quienes, sin negar la existencia de Dios, sostienen que es un tema inaccesible para el entendimiento humano. Debatir al respecto sólo desgasta las relaciones sin que se llegue a ningún acuerdo.

Todos tenemos una energía de vida, eso es indiscutible. Esa energía se expresa en nuestra actividad, en nuestros afanes. En lo personal me rindo ante ella con humildad. ¿Cómo puede ser humilde un ego? Ante este cuestionamiento encuentro a la humildad en la constante contemplación de la grandiosidad que nos rodea, entonces veo lo pequeño que soy. Mi contemplación es silenciosa, de permanente asombro por pertenecer al conjunto de esta sopa energética que es nuestro mundo. Entonces salgo a caminar al bosque, o a la orilla del perpetuo cantar del oleaje marino, respiro sabiendo que esos sonidos e imágenes han estado ahí por siglos y siglos. Luego vuelvo a mí, y me ubico como un pequeño grano de arena.

Vuelvo a lo que decía: trascender es dar un siguiente paso, salir de un círculo vicioso. Es una revelación, es sentirte capaz de ir más allá, subir un escalón. La trascendencia de esta civilización tiene que ver contigo y tú tienes que ver con ella simplemente por estar latiendo ahora en este lugar, siendo un pequeño grano de esta arena. No hay trascendencia si no hay integración humana. Integrar es unir, promover cohesión, generar unidad, incluso volver a la tribu, crear comunidad, ser un grano de esta arena.

Si la humanidad estuviese en un diván, reflexionando, probablemente llegaría a la conclusión de que no se quiere, de que se maltrata porque no se valora. No se ama porque no se conoce, está fragmentada en diversos trozos que señalan y descalifican. La humanidad, entre otras cosas, es una gran discusión y está bien; esos eventos forman parte de la gran aventura, pero es algo ya experimentado siglos atrás en múltiples posibilidades.

Lograr que un todo planetario se integre es vital, ya que se corre el riego de la propia aniquilación. Somos unos ocho mil millones de habitantes, existen todo tipo de experiencias entre nosotros, donde no todos están en la misma línea, en el mismo momento, ni van en la misma dirección, es decir, no todos tienen el mismo propósito ni destino. Tú lo que puedes hacer es tu parte.

Para hacer tu parte no tienes que señalar las vidas de los demás, pues cada una está en su momento, Mucho harás atendiendo tu capacidad de trascenderte. Miles de personas se distraen combatiendo aquello que consideran malo en lugar de atender a su propia transformación. Los señalados como malos, tontos o incapaces también acusan a sus contrapartes de lo mismo. Un buen ejemplo es la tensión política que se vive actualmente en todo el mundo. Por otro lado, es bien cierto que hay muchos seres tratando de detener el proceso de integración; corregirlos te distrae del trabajo que realizas en ti.

Cuando lo viejo no quiere morir, lo nuevo no puede nacer. Para llenarse de algo nuevo hay que vaciar lo viejo. Lo viejo tiene que ver con los modos mecánicos de actuar: todo tipo de suposición que nos hace ver lo que queremos ver y no lo que es. La tarea, por supuesto, no es sencilla, ni se lleva a cabo en unos días; es una atención constante, un trabajo con la propia existencia, y fundamentalmente es darse cuenta de que la condición egoica propicia el sentimiento de separación. Pero hay otra verdad más contundente: todos tenemos que ver con todos, ésa es la paradoja.

Estamos entonces en un proceso de construcción y constante demolición. Esa transformación es personal y comienza ya a ser social, ese trabajo que haces contigo enriquece tu aventura existencial. A veces pensamos que podemos mejorar lo que la creación hizo de nosotros, pero lo que sí podemos hacer es sentirnos mejor. Imagina a tu Dios o creador como quieras, como elijas concebirlo, ¿crees que te diseñó defectuoso?, ¿mejorable?

Tú, como ejemplar viviente de esta humanidad, tienes un cuerpo, una nave que está equipada con diversas características: piernas, brazos, manos, dedos, órganos y los cinco sentidos conocidos. Tal vez la intuición puede interpretarse metafóricamente como un sentido, aunque de otro orden. Al mencionar a la intuición me acerco al campo de las emociones y los sentimientos que habitan en nuestro cuerpo, formando una parte no física de él. La nave viene equipada con una poderosa computadora: un cerebro que ejecuta miles de operaciones simultáneas entre las que se encuentra el discernimiento. Somos cuerpo físico, raciocinio y sentimientos. Ése es llanamente tu traje, tu vehículo, tu instrumento para transitar la vida.

En ese vehículo o envase siempre hay un antecedente y un consecuente en lo que vivimos, una causa y un efecto, una inercia y un contacto con la dirección de esa fuerza. Cuando digo que eres un ejemplar viviente de esta humanidad es para, de entrada, asumir un principio de vitalidad responsable, que bien se puede traducir en gusto, el cuerpo cuando está sano es alegre por naturaleza.

He dicho "en gusto"; es un gusto ser sensato y cada vez más importante será ahondar en la sensatez como principio para una vida saludable. Ocurre en la conducta humana que la persona no actúa con la sensatez necesaria para enfrentar las diversas situaciones que se le presentan. Las más de las veces nuestros actos tienen una o varias consecuencias o efectos; saber asumir un actuar pulcro en todos los términos es sensato, porque es comprender que todo el tiempo estamos sembrando. Pero no actuamos así.

Una posibilidad latente es el naufragio de esta civilización, ya que, al tratarse de una nueva etapa civilizatoria, hay tanto que demoler, que sería una solución más inmediata, lo cual, si ocurre, ya no entra en el rango de la responsabilidad personal de nadie. Hay algunos signos de esta posibilidad: la mitad de la población se encuentra en pobreza, los altos niveles de la contaminación, el cambio climático, la crisis de salud que puso en evidencia la pandemia del covid-19, el desgarrador movimiento migratorio y, por si fuera poco, los escenarios de guerra.

Hay un término en psicología llamado *impasse*, se traduce como una especie de estancamiento, un callejón sin salida, una crisis sostenida. Podemos, como civilización, permanecer en ese impasse muchos años, y así ha ocurrido. Pero, por otro lado, y por muy dura que sea la crisis mundial, veo que aún hay múltiples factores que ayudan a pensar que lo lograremos; de hecho, lo vamos a lograr, pero muy probablemente no todos al mismo tiempo. Es esto así porque hay todo tipo de personas desarrollando su proceso existencial en nuestro mundo, algunas francamente decadentes. Sin embargo, la actividad permanente de personas conscientes está manifestándose, aunque no lo diga el periódico ni la televisión; todo es cosa de buscar para encontrar y hoy internet lo permite. Millones de personas estamos trabajando en esa posibilidad y no nos vamos a detener. Te incluyo.

Lo sutil y lo denso

Me voy a saltar algunos parámetros tradicionales de nuestra inteligencia que tiende a clasificar y subdividir para conocer, porque como ya lo dije, estoy hablando de la vida y aquí, en la vida, todo tiene que ver con todo. Me ocupo de transmitirte que la belleza no está en lo que ves, sino en cómo lo ves. Vive la belleza en el ojo del observador, lo reitero dada su importancia; el nivel de consciencia del observador es un proceso, que tiene un ritmo y ese ritmo es personal. Es simple proyección, cuando la gente tiene belleza interna ve con esos ojos al mundo; cuando lo que habita en el interior de una persona es el conflicto, así mira lo que le rodea. Ese trabajo interno multiplicado por millones de seres conduce al florecimiento como especie, que es lo que se está construyendo. Es difícil anticipar si lo veremos en estos años porque una vida es un lapso muy corto frente a las zancadas que da el tiempo, pero el proceso de transformación está en marcha. Cientos de miles de humanos estamos aquí para promover y experimentar ese salto y podrás sumarte a ese proceso iniciando con el tuyo.

Es cierto también que hay una fuerza encarnada en miles, tal vez millones de humanos a los que no les interesa soltar sus intereses; sus deseos de poder y riqueza son ilimitados. Un alto porcentaje de la riqueza mundial está concentrado en muy pocas manos. Tan sólo en 2017 el Comité de Oxford de Ayuda contra el Hambre (Oxfam) demostró que la mitad de la riqueza mundial se concentraba en ocho familias. Es una inercia antigua de poder mundial que es poco visible para la mayoría, pero manifiesta, y rige al planeta más allá de los gobiernos. Personalmente considero que esos poderes son, en buena medida, responsables del dolor humano.

Se trata de cambiar la frecuencia vibratoria que nos habita, ya que todo es energía en movimiento: los árboles y sus frutos, los animales y selvas, todo está en permanente vibración. Esta transformación va de lo denso a lo sutil. Lo denso es pesado, espeso; en términos de personalidad es rígido, violento y tóxico. Lo sutil es ligero, a veces transparente como el agua. Sutil es lo que apenas se nota pero tiene poder para influir en los acontecimientos. Un abrazo a veces logra lo que no consigue un golpe; hablar suave a veces es más certero y poderoso que un discurso amontonado de palabras dolientes. Las frecuencias altas de vibración generan un bienestar corporal que se traduce en salud; las frecuencias bajas se somatizan convirtiéndose a la larga en enfermedades. Las frecuencias altas generan paciencia y sabiduría, las bajas viven en el enojo y el reclamo. Fácil, ¿no? Ahora echa un ojo alrededor y verás que no es tan sencillo.

Muchos de los buscadores de la paz y el florecimiento humano han establecido una lucha frontal, una "guerra contra el mal", encarnando en su lucha un nivel frecuencial denso y por lo tanto tóxico. Al tener ese tipo de acciones sólo logran formar parte del sistema que quieren demoler. La paz no hace guerras.

La paz es una frecuencia vibratoria (estoy hablando concretamente del estado del ser). El amor es también un estado vibratorio que, cuando es sostenido, puede ser depositario de una paz interior trascendental. Esa energía de paz y amor resuena con seres en sintonía con ese nivel de sutileza. Dicha vibración puede ser tan trascendente como lo es la consciencia crística que conlleva un conocimiento pleno acerca del funcionamiento del engranaje universal, entendimiento que la mente racional no puede captar. Se le llama "Kristos" al primer estado del ser, el más cercano a la fuente de energía universal. Todo en el universo es energía en movimiento, nosotros también. Capítulos más adelante abundaré en el tema de la consciencia crística.

Hoy podemos imaginar a personajes como el maestro Jesús de Nazaret, Buda, Quetzalcóatl o Kukulcán, por mencionar sólo unos cuantos, en la historia conocida de la humanidad, que no vivían reactivos a los eventos, sino emitiendo una vibración sutil y profunda al mundo, vibración que se relaciona con la plenitud del ser. Es por eso que son recordados como maestros.

Nos aproximamos a un cambio en el ritmo universal que nos rige, y no estoy diciendo que vivíamos en el error; estoy afirmando que hemos vivido en el dolor. Así ha sido porque todo es posible y por lo tanto vivible, y todo lo posible es perfecto. La palabra *perfecto* según el diccionario de la RAE significa: "el grado máximo de una determinada cualidad o defecto". Dicho de otro modo, las polaridades de dicha y dolor son siempre posibles, existe una porque existe la otra, lo mismo ocurre con el arriba y el abajo o con lo blanco y lo negro. Reconocer las dos polaridades como posibilidad es admitir la perfección de lo manifestado. Es fácil que la gente piense que lo perfecto es lo que le gusta, pero en este punto lo perfecto es lo manifiesto. Sea cual sea el punto en el que te encuentres como experiencia, es perfecto.

El péndulo no se detiene, la constante es el cambio, nuestras emociones y sentimientos tienen que ver con el nivel vibratorio. A veces practico ejercicios como el siguiente: ponerme una sonrisa en el hígado, o bien en el estómago. Estoy hablando, por supuesto, de manera metafórica, pero para eso está la creatividad de nuestra imaginación; puedes sonreír con cualquiera de tus órganos, con cualquiera de tus partes. Detén unos segundos la lectura e inténtalo de la siguiente manera: te sugiero concentrarte y poner atención en la respiración, luego coloca una sonrisa en el estómago o en cualquier otra parte del cuerpo, puede ser en todo el pecho, sigue respirando sosteniendo esa sonrisa interna; al hacerlo estás en un pleno contacto contigo, con tus emociones, con tu cuerpo.

La etapa de florecimiento humano no ocurre con seres que no son capaces de autorregularse y pretenden sólo corregir a los demás, eso sólo genera discusiones, pues no puedes cambiar al otro. Ni se puede dar con seres que no se conocen en su interior. Estamos viendo y viviendo muchos cambios que la Tierra en su misma naturaleza realiza. En lo concerniente al humano, es notorio un movimiento que tiende a un despertar consciente en millones de personas, por lo mismo, el momento actual también está sobrecargado de información, no toda certera; aun así el cambio está en marcha, asistimos a un cambio de ciclo trascendente.

๖ Máximas ๖

๖ Tú no puedes arreglar la vida de otros, por mucho que los quieras, o por mucho que discutas con ellas o ellos para corregirlos. Lo que cada quien vive tiene que ver con una inercia de eventos acorde con su propia existencia, cada quien es responsable de su propio andar.

๖ La flor de loto crece en el fango, es ahí, en la profundidad, donde tiene sus raíces y de esas raíces nace una belleza sostenida en sí misma. La flor es la expresión más rebelde de la naturaleza y su rebeldía consiste en mostrar belleza en medio de la adversidad.

↬ La presión publicitaria, social y religiosa nos convierte en seres domesticados. La enajenación se puede definir como los conceptos que adquieren valor a través de lo que afirma la sociedad y no por medio de los valores propios. Recuperar la pertenencia a ti mismo es no vivir enajenado.

↬ La vida no te da lo que quieres; la vida te da lo que eres, lo que le das, lo que vibras, lo que resuenas. Es conocida como "Ley de causa y efecto" y "Ley de correspondencia". Estas leyes se pueden estudiar en el libro *Kybalión*.

↬ Desarrolla un ojo que ve hacia dentro para que seas consciente de lo que sale de ti y de lo que te devuelve la vida.

↬ Al sumergirte en ti, te darás cuenta de que estás dónde está tu atención; el miedo y el enojo te convierten en una persona reactiva, y ese tipo de respuestas solamente amplifican esa misma situación, tornándola todavía más difícil. No te involucres, no te enganches con la gran cantidad de eventos que te rodean, fluye.

↬ La sencillez es una virtud. El hombre sencillo no genera tantos problemas alrededor de sí mismo, tal vez porque se acepta como es. La sencillez es lo contrario de la complejidad. Entre dos demostraciones o hipótesis, los científicos tienden a privilegiar siempre la más sencilla, la más obvia. Quien ostenta esta virtud no se aplaude ni se critica, sólo vive de manera sencilla.

Conócete a ti mismo

En la Grecia antigua, hace unos 2,500 años, cerca del monte Parnaso, se ubicaba lo que se conoce como el Oráculo de Delfos, templo dedicado al dios solar Apolo. El lugar era visitado por personas que solían consultarlo para conocer su destino. En el sitio se podía entrar a una cueva, ahí los recibían las Pitias, también llamadas Pitonisas, sacerdotisas que tenían la función de comunicarse con la divinidad. Ellas masticaban una mezcla de plantas, inhalaban vapores que emanaban del suelo agrietado de la cueva. Esos vapores las conducían a estados alterados donde eran capaces de obtener una respuesta a las incógnitas de sus visitantes.

Al llegar al templo se podía leer un mensaje: "Conócete a ti mismo". Había también otro de igual importancia: "De nada demasiado". En algunos textos que describen este lugar se menciona que se encontraba otro mensaje, mucho más extenso, que decía lo siguiente:

Te advierto, quienquiera que fueres tú, que deseas sondear los arcanos de la naturaleza, que si no hallas dentro de ti mismo aquello que buscas, tampoco podrás hallarlo fuera. Si tú ignoras las excelencias de tu propia casa, ¿cómo pretendes encontrar otras excelencias? En ti se halla oculto el Tesoro de los Tesoros. Hombre, conócete a ti mismo y conocerás el universo y a los dioses.

Este texto ilustra las búsquedas y respuestas que recibe el humano desde hace milenios, cuando quiere saber acerca de su origen y destino. Hoy en día, en esa misma búsqueda, las personas acuden a otro tipo de prácticas como la lectura de tarot, de las runas vikingas o bien a la astrología, que pueden considerarse oráculos contemporáneos.

La mente con la que fuimos dotados crea expectativas hacia el futuro, quiere conocer lo que le depara el destino, pero lo que a veces no comprende nuestra mente es que el futuro depende del presente. En el presente se siembra, ya hablará después el futuro de este momento, pero depende de lo que hagamos hoy. A veces las personas tienen la esperanza de un futuro mejor; la esperanza se tiene como un valor, pero en realidad es como un licor que nos conduce a la no acción. Dice André Comte-Sponville en su libro *La felicidad desesperadamente* que cabe preguntarse lo siguiente: si lo que ocurre en mi vida depende de lo que yo haga, ¿para qué quiero la esperanza? Del mismo modo, Erich Fromm hablaba de la "esperanza activa". Ésta era la única forma de esperanza que aceptaba, una esperanza que no espera, que aun sin saber si llegará al resultado esperado hace lo que puede hacer, es decir, una esperanza llena de movimiento.

"Conócete a ti mismo" es un antiguo mensaje a la raza humana que cobra radical importancia para la gente que habita hoy nuestro momento planetario. Sabemos poco de nosotros mismos, lo que sostenemos como cierto en cuanto a nuestro origen se ve ilustrado por interpretaciones religiosas y algunos datos que nos da la ciencia. La teoría de la evolución de Darwin sigue siendo una teoría, como sigue siendo una incógnita el famoso eslabón perdido, término poco reconocido por una parte de la comunidad científica; hemos encontrado que no hay una secuencia evolutiva lineal demostrable entre el mono, el homínido y el humano actual, y por ello nos seguimos buscando.

No sabemos quiénes somos. Existen a este respecto abundantes investigaciones científicas, pero nada concluyentes. Se encuentran, decía yo, algunos datos y posturas religiosas, pero las escrituras que las fundamentan son antiquísimas y han sufrido todo tipo de manipulaciones a lo largo del tiempo, según las conveniencias de los poderes en turno. En esos libros se mezclan datos históricos, mitos y creencias, donde el humano a veces encuentra alivio a sus búsquedas en relación con nuestro origen.

Alguien o algo nos creó. Hay, más allá de las escrituras cuneiformes encontradas en la antigua Sumeria, hoy Irak, representaciones en piedra antiquísimas donde se ve al humano conviviendo con seres de otros tamaños y formas. Ahí, las teorías de la conspiración han vertido todo tipo de especulaciones, algunas interesantes, pero teorías al fin. Entonces, ¿cómo saber quiénes somos?, ¿cómo conocernos? Las escrituras consideradas sagradas coinciden en algunos puntos y difieren en otros. Pero hay algo que tristemente sí sabemos de nosotros, y es que, como humanos, hemos sido capaces de matarnos para defender estas creencias. Así lo demuestra la historia.

Existen actualmente otras posturas que apuntan a revelar datos acerca de nuestro origen, las cuales serán expuestas más adelante en el capítulo "La vida es un misterio". En lo que voy a profundizar en este momento es en las búsquedas que se hallan en un encuentro individual, personal, no necesariamente colectivo (ya hay demasiadas religiones como para crear una más).

Para profundizar en el ámbito del conocerse a sí mismo deberemos tener un mínimo conocimiento acerca de lo que llamo la "condición humana". Parte de esta condición es la capacidad de pensar. A partir de ahí, comunico a mi amable lector con necesaria crudeza lo siguiente: *Tú no eres tu cabeza.* Es cierto que con ella piensas, extraes conclusiones, deduces, pero tú no eres tu cabeza; tu cabeza es tuya. Aprender a vivir con tu pensamiento es un arte, el arte de no hacerte daño. Tu pensamiento es tuyo, pero tú decides si eres tu pensamiento. Si comprendes esto puedes aprender a vencerte. En las máximas a final de este capítulo amplío este concepto. En esta condición humana debes saber que la mente te cuenta algo acerca de lo que vives y se lo crees, te crees todo lo que piensas, pero son sólo interpretaciones que te pueden provocar unas veces gozo o certeza, otras confusión y en ciertos momentos sufrimiento. Ése es, bajo mi perspectiva, el punto de partida para empezar a conocer la condición humana que habitamos y nos habita. Todos somos así. Darse cuenta y reconocerlo puede tardar a veces meses o años, pero es un punto de partida.

"Cada cabeza es un mundo", suele decirse en lo cotidiano. Qué mejor ejemplo para ilustrar esta condición que la genial obra del gran escritor español Miguel de Cervantes Saavedra, *Don Quijote de la Mancha*. En este relato se describen las tribulaciones de un hombre que, siendo bueno y amante de la justicia, se entrega al fruto de sus interpretaciones. Convencido por sus lecturas, añora en su locura ser un caballero andante, haciéndose nombrar así por un ventero (el dueño de un hostal), quien accede a sus deseos tocándolo con su espada y convirtiéndolo en ese acto en caballero. Este caballero dedicará sus andanzas a su imaginaria Dulcinea del Toboso y convencerá a Sancho Panza, un hombre sencillo, bebedor, glotón y un poco perezoso, de ser su escudero. Don Quijote, en una de sus primeras aventuras, confundirá molinos de viento con fieros gigantes a quienes derrotar en pos de la justicia que por doquier aplica. Y aunque es derribado en este incidente por las aspas de los molinos, persiste en sus interpretaciones de la realidad, como lo seguirá haciendo a lo largo del relato. Este muy humano personaje expresa a lo largo de su caminata y locura hermosas frases y sentencias acerca del significado de vivir con valor y dignidad. Una de ellas es la que a continuación transcribo:

La libertad, Sancho, es uno de los más preciosos dones que a los hombres dieron los cielos; con ella no pueden igualarse los tesoros que encierra la tierra ni el mar encubre; por la libertad, así como por la honra, se puede y debe aventurar la vida, y, por el contrario, el cautiverio es el mayor mal que puede venir a los hombres.

Y qué decir y sentir con la siguiente cita del ingenioso hidalgo: "Yo, Sancho, bien veo que no soy hermoso, pero también conozco que no soy disforme; y bástale a un hombre de bien no ser monstruo para ser bien querido, como tenga los dotes del alma que te he dicho".

Habiendo citado esta gran obra de la literatura universal, continúo ahora como iba, con este sencillo desglose, acerca de la práctica de conocernos a nosotros mismos.

Percíbete

Una manera de iniciar un conocimiento de sí mismo incluye, bajo mi perspectiva, algunas de las siguientes reflexiones: poner atención en tu genealogía, tu sangre, es decir, ¿de qué tipo de familia vienes?, ¿cómo son tus padres y tus hermanos? Sus maneras tienen que ver con cómo son o fueron tus tíos y abuelos, tienes un linaje ancestral, modos y posturas que se transmiten. Ahí hay inercias educativas, tipos de carácter, costumbres, valores, y disfuncionales silencios. La familia de la que provienes por lo general influye en tus talentos y aptitudes. Tiene que ver con el desarrollo de esas habilidades o probable frustración, y se relaciona con tus propósitos y metas. En resumen, infinidad de cosas se heredan. Conocerte es un proceso que se vincula con tu entorno familiar y el tipo de historia que te tocó vivir. El entorno familiar puede ser bello y funcional, pero puede no serlo. La familia es, a veces, cuna de frustraciones e historias terribles.

La historia familiar puede ser también una mezcla de estas situaciones. Entre paréntesis debo decir que a veces las personas deciden contar su propia historia en un relato o cuento, incluso en una autobiografía. Escribir nuestra historia es un ejercicio terapéutico muy útil y sanador: es verse en el espejo y recordarse, es como pasarse en limpio, narrarle al mundo acerca de la gran aventura experimentada, ya que cada vida es digna de ser contada. Vuelvo al punto, los rasgos genéticos son determinantes; de entrada, las condiciones corporales, como la expresión en el rostro, la complexión o la estatura tienen una identificación plena con la línea ancestral de la que provenimos.

Al mismo tiempo los miembros tienen diversas características propias. Por ejemplo, los hermanos, aunque parecidos, no son iguales. Algunos son más sagaces, otros muestran ciertas carencias. Siempre hay unos y otros que, en sus características, manifiestan algún tipo de liderazgo. Algunos de esos líderes suelen asumir la tarea de emprender la sanación de un viejo dolor o frustración familiar, y son capaces de vislumbrar y trabajar para corregir en sus familias ese dolor antiguo.

Continuando con nuestra percepción, en cuanto a los modos físicos de nuestro organismo, hay una interesante subdivisión de la milenaria medicina ayurveda que clasifica tres tipos diferentes de cuerpos, llamados "doshas": vata, pitta y kapha. Cada biotipo posee diferentes características que conviene conocer para saber cuál es el propio. Se puede ver físicamente, por ejemplo, el tipo de rostro y de complexión, además de otros rasgos que los determinan. De ahí se desprenden conclusiones útiles como el modelo de alimentación que es conveniente para cada cual, ya que cada biotipo tiene modos de digerir, maneras distintas de expresar las emociones, una relación con la actividad y el reposo. Hasta llegan a especificar qué tan creativos o pasivos suelen ser esos determinados organismos e incluso hay combinaciones. En internet se encuentra suficiente información para descubrir tu dosha, si quieres conocerlo.

Hablarse a sí mismo acerca del carácter que se posee es un buen principio para conocerse. Saber sobre el tipo de temperamento que se tiene sirve de mucho, sobre todo para no ser víctima de los propios impulsos, ya que muchas veces el enemigo vive en el espejo. Convertirte en tu objeto de estudio, atento al conocimiento de tus virtudes y tus propios demonios, es el primer paso para volverte maestro de tu andar. Puedes, gracias a la autorreflexión, averiguar, por ejemplo, en qué tipo de problemas acostumbras a meterte, según tu personalidad, según tu historia. Hay personas que son adictas a amores imposibles y eso les provoca un gran dolor y continuas frustraciones. También hay personas que no saben guardar silencio cuando era lo más conveniente hacerlo. A veces es útil darse cuenta si se posee una personalidad que dice mucho y hace poco, se puede ser testarudo, o bien, hay personas que se viven por años pidiendo prestado, es decir, que siempre necesitan ayuda.

La actitud reflexiva acerca de nuestra experiencia y condición de vida nos ayuda a percibirnos y, muchas veces, cuando lo tomamos en serio, lo enfrentamos y resolvemos, pero no es cosa fácil. Éstos son, entre otros, los motivos por los que las personas asisten a terapia. Desean averiguar un poco más acerca de su propio andar. Puede costar trabajo percibirse en primera instancia, ya que lo que soy yo mismo no puedo verlo. Sin embargo, una primera práctica puede consistir en observar a quienes están a nuestro alrededor, no con afán de crítica, sino de conocimiento. El tipo de temperamento no se elige, se vive, y hay que saber lidiar con él.

Hay estudios psicológicos formales acerca de los diversos tipos de temperamento. Algunos de estos estudios revelan un enfoque de cuatro tipos: *a)* sanguíneo: son personas de un humor alegre y vigoroso, suelen ser seguras de sí mismas y extrovertidas; *b)* flemático: son individuos tranquilos, impasibles, difícilmente se alteran, generalmente eficientes y de buen corazón; *c)* colérico: son muy reactivos y enérgicos, explosivos y determinantes, difícilmente negocian;

d) melancólico: son personas introvertidas e inteligentes, estudiosas y habitualmente talentosas. Ninguno de estos temperamentos es malo ni bueno, además de que nadie elige con cuál nacer. Estos datos son útiles para la práctica de saber quién es este que habita nuestro andar.

Estas raras denominaciones se tomaron respetando clasificaciones biológicas hechas hace siglos por Hipócrates. Este médico griego observaba las características de los cuerpos, probablemente tras el análisis de cadáveres, y descubrió que son acordes con ciertos líquidos también llamados humores, que habitan el cuerpo y determinan, según el padre de la medicina, el comportamiento. Hoy se la conoce como la teoría de los cuatro humores. Hipócrates la explicaba mediante la observación de cuatro fluidos corporales: la bilis negra, la bilis amarilla, la flema y la sangre. El padre de la medicina hacía corresponder cada uno de estos humores con los cuatro elementos; la bilis negra con la tierra, la bilis amarilla con el fuego, la flema con el agua y la sangre con el aire. Hipócrates establecía una relación entre la predominancia de estos humores y el carácter de las personas. Ésta es la historia de estos términos, y los estudios actuales han mantenido dichas denominaciones en honor a las observaciones realizadas por este milenario médico.

Existen, además, la subdivisión que formuló Erich Fromm, las teorías de la personalidad tal como las expuso Sigmund Freud, así como los arquetipos de Carl Jung, siempre enriqueciendo el estudio acerca de la personalidad humana. Para quien esto escribe es importante mencionarlas aquí, las nombro para no omitirlas, aunque no profundizaré en ellas ya que no es mi intención escribir un tratado de psicología. Pero ¿te identificas con alguna de estas características?

He de mencionar ahora una categorización del temperamento humano que proviene también de una muy antigua vertiente y a la que me gustaría aludir, pues siempre me ha llamado la atención la historia del conocimiento humano. Me refiero a aquella que proviene de la milenaria sabiduría sufí, muy poco difundida: el eneagrama.

El eneagrama se simboliza con un trazo geométrico que parte de un círculo al que se sobrepone un triángulo y finalmente una estrella con seis puntas de extrañas dimensiones. Se han difundido estudios que guardan relación del símbolo del eneagrama con la forma como funcionamos los humanos en cuanto al temperamento, es de alguna manera una clasificación. Su origen se pierde en la noche de los tiempos. Surgió, probablemente, en la antigua Babilonia, en Mesopotamia. Hoy se conocen interpretaciones con respecto a los diferentes tipos de carácter y ese conocimiento fue difundido ampliamente por el psiquiatra chileno Claudio Naranjo, uno de los maestros de la psicoterapia Gestalt, quien murió en 2019. Claudio Naranjo, a quien considero uno de los sabios de nuestro tiempo, difundió este conocimiento adquirido por medio de su maestro Oscar Ichazo, filósofo boliviano, quien aplicó el saber antiguo y oculto del eneagrama al estudiar a George Gurdjieff, quien será citado en varias ocasiones en este libro.

A esos nueve "eneatipos", Claudio los llama: *1*) el perfeccionista, *2*) el orgulloso, *3*) el vanidoso, *4*) el envidioso, *5*) el avaro, *6*) el miedoso, *7*) el goloso, *8*) el lujurioso y *9*) el perezoso. Curiosamente a estos tipos conductuales a veces se les relaciona, aun siendo nueve, con los siete pecados capitales: soberbia, avaricia, lujuria, ira, gula, envidia y pereza, Aunque, aclaro, no provienen de una clasificación pecadora, por lo que no se debe partir de ahí para estudiarlos.

Para comprenderlos no deberá interpretarse literalmente cada tipo de carácter con el primer significado a que nos conduzcan estos términos. De hecho, hay autores que sobreponen nuevos nombres que añaden y abren características a la comprensión de cada eneatipo. Por ejemplo, "el orgulloso" es un personaje que se siente bien consigo mismo, por lo cual inspira confianza en los demás, pues se debe pocas cosas; pero, como he expresado, si acudimos a los primeros significados de un orgulloso podemos errar en el entendimiento del tipo, por lo cual hay que tomarlo como un término a desdoblar en varias de sus vertientes. Otro ejemplo sería "el miedoso", un tipo replegado en sí mismo, que no corre riesgos, alguien excesivamente prudente, que por lo general se cobija en los demás, sin embargo hay que considerar las ventajas de una personalidad prudente.

Para todos los interesados en conocer su eneatipo hay en la red algunas páginas en las que, contestando un cuestionario, puede dar el resultado al consultante acerca del tipo que encarna. Cabe añadir que cada uno de los nueve eneatipos tiene tres subdivisiones, por lo que al final resultan 27 eneatipos diferentes.

Estos datos resultan de utilidad para saber sobre nosotros como ejemplares humanos. Sin embargo, son sólo un acercamiento; no por eso estamos determinados por ellos. Convertirte en un indagador acerca de tu persona multiplica diversos espejos donde verte; estos saberes te dan algunos elementos para tener una relación más auténtica contigo para vivir una vida poco propensa a los comportamientos del rebaño humano, proclive a buscar pastores para andar su vida.

La meditación

La primera condición mencionada unos párrafos arriba tiene que ver con los pensamientos. Una buena manera de iniciar con el conocimiento de uno mismo es la práctica de detener el parloteo de la mente, experimentarse deteniendo el pensamiento, tarea que resulta de alta dificultad si consideramos que en la condición humana los pensamientos no dejan de surgir, son un flujo constante e imparable. Nuestra actividad mental da lugar a suposiciones que nos llevan a no ver las cosas como son; las observamos entonces según la información que cargamos, información por lo general inculcada.

La práctica de técnicas para detener la mente es milenaria, sobre todo en Oriente. No obstante, también hay evidencia de esas prácticas en las antiguas culturas de América. En India, a veces, hacen una analogía de la mente inquieta simbolizándola con un mono que no deja de brincar de una rama a otra. Al brincar, interpreta, deduce, saca suposiciones, y suposiciones hay tantas como personas en el planeta. Son historias que la mente se cuenta a sí misma acerca de una situación y en esa interpretación aparecen las emociones y los sentimientos. La mente, y concretamente el pensamiento, se vende una idea y luego se la compra sola. Será capaz entonces de debatir con los otros acerca de su conocimiento de la verdad; en el debate escuchará poco y ocupará toda su energía en imponer al oponente su punto de vista, es decir, su verdad.

La meditación en todas sus formas ayuda a encontrarse con el silencio interno. El silencio interno es el encuentro con lo que somos sin la intervención del pensamiento. Recientemente disfruté la lectura de *Los 8 pasos esenciales de Mindfulness*, de Andrés Fernández Roseñada y Maite Rodrigo Vicente. Me pareció una buena herramienta para quien quiera acercarse a la meditación y no cuente con experiencia previa. Es una recomendable guía hacia la atención plena.

Cuando el pensamiento cesa lo que queda es el momento presente, el "aquí y el ahora". Esto es de gran ayuda porque el pensamiento se sitúa habitualmente en un "allá y entonces": pasado y futuro. Cuando el ahora se mantiene sin atender a los pensamientos, se alcanza un estado de quietud, una especie de contemplación de sí mismo y el entorno, más allá de cualquier interpretación. Para meditar, entre las muchas posibilidades que hay, ayuda mucho centrar la atención en la respiración. Ello con el fin de entretener al mono inquieto que es la mente. Ayuda también hacer caso omiso de cualquier pendiente o idea que aparezca, para evitar involucrarse con emoción alguna. Sólo importa el momento presente, sólo estar en contemplación, quietud, sin emitir juicios hacia lo que nos rodea.

En la práctica cotidiana de la meditación, cuando es continuo este detener el ruido de las suposiciones, se empieza a vaciar la cabeza de su idea del mundo. En ese vacío, el practicante se da cuenta de que una energía llena el cuerpo de paz, una paz que es hermana del amor. En mi caso, tuve la fortuna de ser guiado en estas prácticas por un maestro, pero en el de cada persona aparecerá lo que corresponda a su proceso.

El amor es una energía, una energía que emociona, y la práctica constante de la meditación ayuda a hacer contacto con dicha energía. Ocurre porque al vaciar el cuerpo y la mente de conjeturas se crea un vacío, sólo hay paz. En esa experiencia es posible también la percepción del amor universal, un amor que ocupa el cuerpo y lo llena de dicha. Es así como puedo describir lo indescriptible. Al hablar del amor no me estoy refiriendo al enamoramiento, no por el momento.

Existe también una práctica corporal energética muy antigua: el chi kung. Se trata de una diversidad de técnicas de respiración, ejercicio físico y mente atenta que generan bienestar corporal y mental.

Se encuentran hoy muchas técnicas milenarias de autoconocimiento y conexión. México, las naciones de Latinoamérica y Estados Unidos han sostenido desde hace siglos la práctica del temazcal, una práctica contundente de sanación y meditación mediante la conexión con la tierra.

En estas búsquedas de encuentro energético cada vez hay más personas en el mundo que fungen como guías. No se anuncian como maestros porque no lo son, pero en sus prácticas y trato reina la comprensión y una sabiduría late en sus corazones. Es importante advertir que existen muchas personas que se presentan como maestros, gurús, chamanes o guías, pero no son más que personajes confundidos. Ocurre a veces que hombres y mujeres que están en una legítima búsqueda de consciencia caen en sus redes. He observado este fenómeno en diversos lugares como chats o escuelas que pretenden difundir enseñanzas ocultistas o espirituales. A veces la imaginación y el ego de estos "guías" sólo sirven para confundir o extraviar a sus aprendices.

Cuando la práctica de la meditación, en todos los modos que he mencionado, ocurre en lo cotidiano, la naturaleza del humano se trastoca. Ha hecho contacto con una quietud dichosa que ilumina todo sin pretender nada, que da sin tomar; ese amor es una de las razones del espacio-tiempo que nos envuelve. Es una de las razones por las que el objetivo primario del todo es ser para reflejarse, ser para experimentar, experimentar para conocerse. Es ahí donde cobra sentido el mensaje plasmado en el Oráculo de Delfos: "Te advierto, quienquiera que fueres tú, que deseas sondear los arcanos de la naturaleza, que, si no hallas dentro de ti mismo aquello que buscas, tampoco podrás hallarlo fuera...".

Estimado lector, formas parte de un cúmulo humano que se ha buscado durante milenios. Has gozado de tu expresión y con ella te has experimentado; has vivido cosas extraordinarias y experiencias terribles, millones de posibilidades han ocurrido en tu andar. Es hora de dar un salto hacia la integración humana, eso nos conducirá a trascender como especie. El camino a recorrer es el tuyo, por eso mismo es tu privilegio, pero para trascenderte tendrás que romperte, tendrás que soltar mucho de lo que sostienes como cierto, te espera una gran aventura de autoconocimiento.

Soltar

Lo hasta aquí expuesto entra en el ámbito de nuestra responsabilidad, es decir, de nuestra actividad consciente. Cada cual es responsable de sí mismo. Como soy un existencialista, me asumo como creador del significado de mi vida. Somos arrojados al mundo y lo que ocurra con nosotros tiene que ver con nuestros movimientos dentro de

él, como lo expresan Martin Heidegger y Jean-Paul Sartre. Esa an-
gustiosa libertad forma parte del dibujo que podemos plasmar en
este lienzo como entes responsables.

Pero hay más, mucho más. Existir no es simple ni sencillo, no
es definible sólo en términos de responsabilidad, la vida suele confundir. A veces, un cuadro, un poema o una sinfonía nos narran de
modo más certero lo que es vivir. En la introducción de este libro
he puesto de manifiesto que la vida es muchas veces absurda y dura.
Por eso la labor de un terapeuta conlleva una aceptación positiva in-
condicional, que acompaña a la responsabilidad; es una alianza, un
apoyo que incluye abrir los ojos de su paciente, acerca de cómo co-
labora para que le ocurra lo que vive. Pero reitero que reducir la vida
que vivimos a la mera responsabilidad puede resultar incierto, confuso. También se presentan a veces situaciones de connotaciones
inexplicables por su multiplicidad de factores. ¿Qué puede justificar
la sordera en uno de los más grandes músicos que ha dado la humanidad, como Beethoven, o las interminables angustias de Vincent
van Gogh, o bien las calamidades de una sociedad en una guerra o
de una epidemia? La vida es un paquete completo que incluye dolor y gozo.

Es así como observamos injusticias, es decir, gente noble viviendo cosas duras y difíciles, y a veces villanos saliéndose con la suya.
Eso ha ocurrido siempre y hay miles de casos sin respuesta. La historia humana está llena de intentos por conocernos al tiempo que
nos expresamos. Vivimos esta experiencia a la vez que buscamos
comprendernos. Existir es un paquete intenso e inmenso. Entonces,
cuando se ha actuado con responsabilidad es momento de soltar,
de dejar de intentar controlar lo que no tiene control y aprender a
navegar en la incertidumbre. Es como saltar al vacío, confiar en el
proceso que nos brinda la madre vida. Hay miles de eventos que su-
ceden a nuestro alrededor que nos van a afectar y la pretensión de
control se transforma en tensión, en una lucha interminable. Soltar

es dejar atrás la expectativa de que se puede controlar todo lo que nos rodea.

Decía renglones atrás que reconocer tu expresión de vida, así como fuiste creado, y proseguir tu experimentación en ti mismo, puede llevarte a momentos en que te rompas internamente para dejar de mantener el dolor vivido. Dicho proceso a veces consiste en dejar de fingir, dejar de cargar un personaje que sólo da gusto a los demás; otras veces radica en reconocer un vicio conductual que has sostenido por años, por ejemplo, discutir sistemáticamente; en otros casos reside en reconocer una sexualidad oculta. Son infinitas las formas en que puede ocurrir ese soltar. Habrá resistencia y lágrimas, pero al recoger los fragmentos, el buscador empieza a integrarse, a surgir de sus cenizas, como el ave fénix.

En la cultura japonesa se puede encontrar una técnica que transforma objetos rotos en obras de arte. Dicha técnica lleva el nombre de "kintsugi". Es una práctica filosófica que plantea unir las piezas de un jarrón o una taza rota: se pegan con coloraciones de oro y plata para recordarlas y para que no queden ocultas las grietas de esa cicatriz, se trata de resaltarlas gracias a estas coloraciones. La belleza de las cicatrices plantea una experiencia, una historia, la historia del objeto quebrado y de las grietas por las que entró luz.

Entonces ocurre, se abre el capullo, empiezas a darte cuenta de que eres en los otros y los otros son en ti; que compartes con los demás la aventura de estar en esta tierra generosa, esta que te ha prestado un cuerpo para llevar a cabo la experimentación del ser. Puede ocurrir en varios eventos, y en cada uno te vas rompiendo para descubrirte. Es cierto que romperse es duro, duele dejar de ser lo que se cree ser, para ser lo que de verdad se es. Te mentiría si te dijera que entonces todo se resuelve. No es así, pero la vida cobra otro significado: se transita a otra consciencia.

Al transformarte quitando viejas cargas, unido a la práctica de la meditación, ocurre un proceso paulatino de florecimiento. Todos requieren su propio tiempo; nunca es igual, cada ser es un universo; por eso, cuando observas cómo funciona el cosmos te das cuenta cómo funcionas tú. No hay error, no hay falla, todo es perfecto.

Probablemente, las señales de que tu tiempo de involucrarte con estas labores ha llegado puedes sentirlo, oírlo, leerlo, comentarlo. Sólo tú puedes saber si ya inició en ti. Si ya comenzó, continuará, tu guía o maestro aparecerá cuando tenga que aparecer, ve con paciencia y soltura. Sólo se encuentra el que se busca, sólo se busca el que se intuye de otro modo, En algún momento, incluso, podrías desesperar y dejarlo, pero si ya hiciste contacto, esa energía de búsqueda regresará y caerás en cuenta que es tuya, se corresponde contigo.

El proceso de integración está en movimiento, se puede ver en muchas y variadas formas, diversos modos, tantos como la creatividad humana es capaz de generar. Lo promueven algunos maestros, artistas, campesinos, ecologistas, pescadores, guardianes de tradiciones ancestrales y más, cada cual lo siembra y promueve mientras vive su propia experimentación. Los guías y maestros también están atentos al proceso, a veces en profunda contemplación. Nos estamos transformando como cultura planetaria. Esto no sale en los noticieros de la televisión ni en las primeras planas de los periódicos. No funciona así. Los medios de comunicación no promueven la consciencia de unidad. Lo que sí podemos encontrar es una gran cantidad de lecturas y videos en las redes sociales que abundan en ello. En este sentido recomiendo ver *Samadhi*, un excelente documental acerca de lo que está sucediendo y cómo te puedes integrar. Otro ejemplo es la Oneness, en la India, escuela creada por Amma y Bhagavan, una pareja de maestros que la fundaron y que hoy la continúan su hijo, Sri Krishna, y su esposa, Preetha ji.

El proceso no se da mediante discusiones ni debates. Si discutes y polemizas estás sosteniendo las viejas formas, y entonces no te estás integrando. Este cambio de ciclo empezó hace años, tal vez décadas; no hay una fecha exacta, finalmente no se trata de saberla, se trata de ejercitar la imaginación para que se dé la integración. Lo único que puedes perder son tus cadenas. Una señal contundente de su inicio fue el movimiento hippie de los años sesenta, cuando millones de jóvenes emprendieron una propuesta única: promovían el amor, se opusieron a las guerras, cimbraron el mundo. Tal vez si no se hubiesen entregado al uso de drogas el resultado obtenido hubiera sido otro. Fueron grandes promotores de la integración humana en un movimiento que duró décadas.

Somos la ola y los revolcados

Una vieja tendencia del pensamiento religioso nos ubica separados del Absoluto, de la fuente creadora, del principio primordial. Esa tendencia ubica nuestra experiencia acá abajo, aprendiendo, puestos a prueba, y al creador arriba, observando nuestro comportamiento. Esta visión implica separación y juicio; conlleva, también, que si te portas bien un día llegarás allá y dejarás de estar aquí: concretamente, allá es gozo y aquí sufrimiento. Esta visión implica la amenaza del infierno.

Hoy día, la consciencia de millones empieza a ver las cosas de manera diferente. La tecnología ha servido para comunicarnos como nunca antes. Tenemos a la mano la posibilidad de conocer aspectos del otro lado del planeta en segundos. En este contexto, la visión de Oriente ha despertado verdaderas inquietudes en este lado del globo y lo mismo ocurre a los orientales con algunas prácticas de Occidente, de manera que se integra un todo interrelacionado.

Somos el lienzo y el pincel, el proyector y la pantalla, el escenario y el actor, un fuego que se vive en todas sus posibilidades incluyendo sentir frío, un gozo lleno de luz que se conoce también sintiendo penas. Somos parte de un todo que incluye todo, no estamos separados de la fuente primordial. Recuerdo que mi hijo, siendo aún pequeño, me preguntó: "¿Oye, papá, tú crees que Dios existe?", a lo que le respondí: "Dios es lo único que existe". Quise transmitirle a mi pequeño que todo tiene un sustento, que no hay separación. Estamos en el espacio-tiempo, somos el observador y lo observado, como lo decía Krishnamurti.

En la organización del cosmos hay efectivamente planos de manifestación, estados diversos dentro de una misma realidad donde ocurren eventos que requieren de una sensibilidad especial para percibirlos. Las personas que ven y oyen mensajes de esos planos distinguen a maestros ascendidos habitando altas vibraciones y, en el otro extremo, a otros seres muy densos. Esos planos de manifestación van de lo más sutil —identificado como los cielos— hasta lo más denso, el inframundo. Esos planos de manifestación también son habitados aquí en el mundo en que vivimos, en esta tercera dimensión, en la realidad existencial, en los sentimientos y emociones que nos ocupan. Hay quien vive una realidad celestial y quien vive un infierno y todo aquí. El cielo y el infierno son también estados de consciencia.

Puedes entonces darte cuenta de que hay todo tipo de seres encarnados en nuestro mundo, diferentes almas. Ello se nota en el comportamiento, en sus modos de respuesta. Para todos, sin excepción, aplican las leyes universales, ahí sí la responsabilidad es determinante, y se vive lo que a cada cual corresponde. Qué más se puede pretender que buscar la llave para salir del propio encierro.

ࣷ Máximas ࣷ

ࣷ La originalidad es un regalo que la naturaleza ha dado a cada cual. Todos somos diferentes y tenemos valor en la diferencia, hay tantas maneras de ser como habitantes hay en el planeta. La originalidad no se pierde, a veces se oculta para pertenecer a una supuesta normalidad. Vive tu originalidad, vive tu naturaleza.

≈ Tú no eres tu cabeza. Es cierto que con ella piensas, sacas conclusiones, deduces, pero tú no eres tu cabeza, tu cabeza es tuya. Aprender a vivir con tu pensamiento es un arte, el arte de no hacerte daño. Tu pensamiento es tuyo, pero tú decides si tú eres tu pensamiento. Si comprendes esto puedes aprender a vencerte. Conocerte te ayuda a salir victorioso de tus propias trampas.

≈ Una humanidad trascendente estará llena de individuos trascendentes. Las cosas que ocurren a gran escala siempre ocurren primero en pequeña escala, no sirve de mucho andar señalando la culpabilidad de los demás. Forma parte de una humanidad trascendente trabajando en tu persona donde resolverte significa vivir en congruencia para lograr un equilibrio.

≈ La vida se busca a sí misma y se descubre en nosotros, en nuestra experiencia. La vida no para de descubrirse y generar artes, ciencias, filosofías, religiones y muchos más modelos de pensamiento. La vida eres tú, no dejes de descubrirte y de regenerarte como el ave fénix.

≈¿Si no soy mi cabeza entonces quién soy? A nuestra mente le encantan las definiciones, se siente más segura, somos así. ¿Qué tal si imaginamos que este principio que nos genera la vida no tiene una definición concreta o una forma definida? Si eso que somos tuviera una definición concreta lo estaríamos limitando.

૨ No hay verdades absolutas, busca tu verdad ponla a prueba y no juegues a las vencidas con quien también está buscando la suya. Ésa es una buena manera de vivir en paz.

૨ Llenarte de información no te volverá más sabio. Puedes leer una biblioteca entera y no hacer contacto contigo mismo. A veces llenamos al pensamiento de ruido y más ruido; hace falta un poco de silencio para conocerte.

૨ Saber usar la cabeza es
que tu cabeza no te use,
ya que de la mente surge
todo tipo de rareza.
Si crees todo lo que piensas
te compras lo que te vendes,
esto sólo lo comprende
el que se estudia a sí mismo,
atento al propio espejismo.
En tu pensar, sé prudente.

Los cuatro rumbos

En la historia del pensamiento humano, al menos en el occidental, ocurre a menudo que para comprender nuestro entorno diferenciamos caminos a seguir. Algunas veces esos senderos son cuatro. Por ejemplo, podemos observar los puntos cardinales, las cuatro estaciones y los cuatro elementos (agua, aire, tierra y fuego), que aluden a la naturaleza de las cosas que nos rodean, con el propósito de trasladar esas cuatro posibilidades al desarrollo de las ideas en la historia de la cultura planetaria. Es como si la organización del pensamiento usara esta división para comprender y trascender visiones y caminos. En relación con el "cuatro" puedo decir que he tenido la oportunidad de comprobar resultantes —que conllevan un orden numérico— que nos conducen muchas veces a este dígito.

En mi experiencia de vida el número siete, además del cuatro, ha tenido amplios significados, como una organización cíclica sustentada en esa base numérica. Más allá de mi vivencia, siete días tiene la semana, siete son las notas musicales, como siete son los colores primarios y siete los orificios del rostro humano. Asimismo, en el Tarot de Marsella, el séptimo arcano, conocido como "El Carro", tiene hondas connotaciones de avance y, como todos los arcanos, conlleva sus virtudes y posibles vicios.

En varias culturas del México antiguo se encuentra el concepto de "fuego nuevo", que se ve plasmado en su cosmovisión. Alude a una ceremonia de profundos significados que marca ciclos basados en el 52, el resultado de multiplicar cuatro veces el número 13. En este contexto, podría decirse que el 13 es un dígito que anuncia transformación. Esta ceremonia ritual del fuego nuevo se realizaba con la intención de preservar un equilibrio y armonizarse con el universo. Hay mucho más que profundizar con respecto a las cifras que asisten y ayudan a interpretar los destinos humanos. En la numerología se habla incluso de números maestros: 11, 22 y 33, que determinan potencialidades especiales en quienes los portan en sus fechas y horas de nacimiento.

Después de esta justa introducción vuelvo al cuatro. Al considerar como una virtud las cualidades morales que elevan nuestro andar en la vida, me encontré hace algunos años con las cuatro virtudes cardinales. Aunque existen diversas subdivisiones que han definido los estudiosos de la filosofía con base en ellas, las que estimo especialmente valiosas son la justicia, la fortaleza, la prudencia y la templanza.

Estas virtudes son esenciales para el que quiera desarrollar en su vida un andar centrado en la rectitud y a la sabiduría.

La justicia

Si observamos a la naturaleza, digamos una selva o el océano al anochecer —que es la hora en que la mayoría de los animales se alimentan—, podríamos encontrar, por ejemplo, a un león cazando a un pequeño ciervo para devorarlo, el acto no cuadra con nuestro concepto contemporáneo de justicia. Un huracán o un tornado, que se lleva entre sus fuertes vientos miles de viviendas, nos mostrará lo que no es justo, lo mismo ocurrirá con una inundación o terremoto devastador. Entonces la justicia no es un hecho natural; la naturaleza no es justa o injusta. La justicia es un concepto humano, es algo que hay que construir, ya que no tiene un cimiento claro y natural.

¿Cómo hacer esto? ¿Bajo los parámetros de qué o de quién? Porque lo que es justo para uno no lo es para el otro.

Hay incluso parámetros sociales que se involucran en nuestra idea de lo justo; por ejemplo, cuando nos preguntamos si es justo el bienestar colectivo. En cuanto a las implicaciones sociales, me parece útil la reflexión que siglos atrás hizo Sócrates y que conocemos gracias a Platón, su alumno y principal promotor. En *La República*, Sócrates alude a la justicia en la *polis* (ciudad o Estado en la Grecia antigua), es decir, en la comunidad, que no tenía las dimensiones de las ciudades actuales. Pero se refiere a la justicia en términos de convivencia social, diciendo que justo es que cada cual asuma la función o habilidad de su propia naturaleza y la brinde al cúmulo social, entendiendo como naturaleza las aptitudes y capacidades que la misma vida le otorgó. Justo es, entonces, que el zapatero haga zapatos y el poeta conmueva nuestro corazón con la palabra; justo es que el científico experimente y descubra, como justo es que el músico alegre nuestra vida con sus notas, pues en ello hallará paz y dicha. Es entonces la justicia un principio de organización social, donde la división del trabajo está plasmada en primera instancia por la propia naturaleza.

Hace unos tres años tuve la oportunidad de asistir al parque temático El Tajín, cercano a Papantla, en el estado de Veracruz. Durante mi recorrido pasé por un corredor donde un artesano totonaca labraba figuras de madera. Al observarlo me asombró la facilidad con la que desarrollaba sus maneras artísticas. En nuestra conversación, el artesano me habló de algo fundamental en la cosmovisión totonaca: todos tenemos un don que nos conecta con la naturaleza y que en nuestro paso por la vida lo más importante es asumirlo, habitarlo y esparcirlo. Mencionaré ese don, esa justicia o esa vocación varias veces en el libro que tienes en tus manos. Es tu naturaleza la que conduce tu propósito de vida, y cuando cada cual ejercita su habilidad o vocación las jerarquías se debilitan y se fortalecen las funciones.

Hay muchas otras concepciones de justicia, de las que me ocupo como enseñanza fundamental de vida. Por ejemplo, la fidelidad a sí mismo, que es la atención a la propia aptitud. Eres irrepetible, es decir, no hay nadie como tú. Ésta es una verdad que debes asumir. La gente busca eso que llama felicidad, pero —sea lo que fuere que signifique el término— no se puede ser feliz viviendo en ausencia de sí mismo. Si la vida es una expresión, como yo lo sostengo, esa expresión surgirá de tu naturaleza. Si viniste a cantar, canta; si viniste a cocinar, cocina; si viniste a curar, estudia medicina; si viniste a indagar el universo, sé científico. No hacerlo así es abandonarse. Vivir haciendo lo que no quieres es como vivir siendo lo que no eres.

Encontramos una concepción diferente y contundente de justicia social en el poder judicial, que tiene la potestad de aplicar normas y leyes. Las instituciones judiciales suelen representarse, por lo general, con la figura de Themis, la diosa griega de la justicia, que simboliza la ley y el orden. Themis lleva una venda en los ojos, lo que manifiesta el carácter imparcial en el momento de resolver. Además, en una mano sostiene una balanza, que alude al equilibrio de las proporciones, y en la otra porta una espada. Este símbolo está plasmado en el Tarot de Marsella con el arcano "La Justicia" y en la astrología se relaciona con el signo de libra. Como puede verse, nuestra civilización, de diversas maneras, ha aludido a la necesidad de alcanzar la justicia desde siempre.

En todos los países se han creado sistemas con normas jurídicas aplicables en diversos rubros que se dirimen en los tribunales. Desafortunadamente, en muchos casos, estos sistemas se han convertido en meros remedos de intereses financieros y políticos. Son muchas las naciones donde la justicia se compra o se manipula a favor de dichos intereses. Debo aclarar que conozco abogados que llevan a cabo sus tareas de manera pulcra y recta, y que se enfrentan también a estos manipulables sistemas corruptos. La justicia, como creación humana, conduce a interpretaciones, dando lugar a los mismos vicios y virtudes que nuestra especie ha tenido desde siempre. Baste para ilustrar mi dicho la sentencia aplicada a Sócrates, quien es condenado a morir y elige beber cicuta para quitarse la vida después de ser juzgado.

La templanza

> La templanza me dice entre sus alas:
> Vive prudente y placenteramente,
> que es triste la pobreza mal viviente
> y triste es la arrogancia en la balanza.
> Atentos que este cuerpo es nuestra casa.

"Templanza", canción de Enrique Quezadas

En el budismo se encuentra un concepto llamado "el camino medio", que en ocasiones se ilustra con la siguiente historia, de la cual he leído diversas versiones. La contaré tal como la recuerdo: Siddhartha Gautama, al salir del palacio de sus padres para conocer la vida, se juntó con otros cinco hombres que practicaban el ascetismo. Tenían la idea de que alejarse de los placeres, el buen vestir y el alimento los conduciría a la liberación de los vicios humanos. Pasaban hambre, estaban sumamente delgados y mal vestidos, además de dormir a la intemperie.

Un día, Siddhartha, al ir caminando junto con sus pensamientos, se detuvo a escuchar a un músico que tañía un instrumento de cuerdas. El resultado sonoro era fascinante. Al terminar la ejecución, el Buda preguntó al músico: "¿Cómo es posible que con este instrumento hayas logrado alegrar mi corazón?". El músico le contestó: "Si tú aflojas mucho la cuerda de mi cítara, el instrumento no sonará; por el contrario, si la aprietas demasiado, la cuerda se reventará. Por eso hago sonar mi instrumento tensando la cuerda sólo lo suficiente para obtener este bello sonido; no muy apretada, no muy floja". Se dice que, a partir de ese encuentro, Siddhartha decidió abandonar el ascetismo y comenzó a alimentarse de mejor manera y a vestir algo más que harapos. Había comprendido que los extremos no son fiables, que sólo causan sufrimiento y confusión.

He querido contar a mi manera esta bella historia, para ilustrar la idea de lo que es la templanza. Temperar es equilibrar, ponderar cada una de las partes. El herrero templa la espada de manera que el acero sea lo suficientemente fuerte para librar la dura batalla y lo suficientemente ligero para poder levantarla.

Fue el gran músico barroco Johann Sebastian Bach quien ordenó en el clavecín la distancia y altura sonora en medios tonos, dando lugar a la experimentación completa de todas las tonalidades existentes como hoy las conocemos. Hasta ese momento no existía una experimentación sonora de tales dimensiones. Este hecho se aprecia —y sorprende— en las obras del gran músico que llevan por título *El clave bien temperado*. En la templanza no se trata de rechazar el gozo, sino no ser esclavo de éste. Habrá entonces que procurar la tranquilidad del cuerpo en los placeres, como lo refiere Epicuro en su *Carta a Meneceo*. Por otro lado, "¡qué placer fumar, cuando se puede prescindir de ello!", dice André Comte-Sponville en su *Pequeño tratado de las grandes virtudes*. Y continúa: "¡Qué placer beber, cuando no se es prisionero del alcohol! ¡Qué placer hacer el amor, cuando no se es prisionero del deseo!".

Corresponde a cada cual usar la barra del equilibrista en su propia vida; es su responsabilidad, su privilegio y habrá de hacerlo en su propia medida, ya que es una atención consciente a la propia experiencia, porque la experiencia del libertino es triste, debido a que, al no conocer fronteras, no sabe de sí.

La templanza es aplicable en el entorno de las relaciones personales con tu pareja, amigos, familia, trabajo. Para todos es deseable tener equilibrio en el trato con nuestros afectos. "Ni mucho que queme al santo, ni tanto que no lo alumbre", decimos en México aludiendo a la distancia a la que se debe colocar una veladora encendida de la imagen del santo de nuestra devoción. La templanza nos hace conscientes de los límites en nuestras vidas.

A veces en México, dentro de las manifestaciones culturales, se ha llegado a valorar la pobreza como una virtud. Es de todos conocido el discurso religioso que defiende la pobreza prometiendo futuras riquezas en el cielo. "Pobre, pero honrado", se dice en las conversaciones, ignorando que la honradez no es hermana de la pobreza. Para vivir dignamente hay que ser capaz de generar recursos suficientes. Una persona saludable debe tener la aptitud de cargar su propio peso para sostener su estar en el mundo, sus gastos, tener lo necesario sin depender. Pero hoy nuestra humanidad ha sobrevalorado la riqueza material. Tenemos casos de gente que acumula una cantidad tan infame de dinero y posesiones, que ni varias generaciones familiares lo podrían gastar, aun viviendo con opulencia. Una vida equilibrada tiende a la mesura. Sé prudente, habita la mesura con tus pasos.

La prudencia

Esta virtud requiere de humildad. El humilde, como he dicho, se da cuenta de que la grandiosidad que nos rodea es incontrolable; puede entonces suceder cualquier cosa. Cualquier acción tiene consecuencias, que son poco predecibles y múltiples. Los resultados de no ser prudente se pueden ver en la salud, en la alacena, en nuestras relaciones afectivas y, en general, en nuestra relación con el mundo. Y es que la mente reacciona al impulso, se da cuenta del exceso cuando ya se ha consumido. La prudencia es autorregulación, marca límites; seguirlos ofrece algo cercano a la seguridad. La mesura es amiga de la prudencia, como lo es la precaución, el cuidado y el no hacer demasiado ruido en nuestro actuar.

El prudente se templa, se mide, es cauto; si eleváramos el término al oído de las relaciones internacionales hablaríamos de lo sensato. No hace falta ser sabio para percatarse de que la probabilidad de aniquilarnos como especie está latente y, aunque parezca lejana, nosotros podemos colaborar para que no ocurra, dejando impregnadas en el ambiente acciones prudentes. "Hoy por ti, mañana por mí", dice el dicho y dice bien, porque la prudencia es también una semilla que abre caminos.

La prudencia, finalmente, vive en los modos amables, es comunicativa, pero no se debe confundir con el miedo. El miedoso rehúye, no intenta, no se expresa; el miedoso es estático, la prudencia es móvil, la prudencia equilibra como la justicia y mide como la templanza.

La fortaleza

Si bien el nombre de esta virtud nos da la imagen de un hombre como Hércules, la fortaleza es estar dispuesto a levantarse ante la adversidad, ser capaz de no derrumbarse, forjar un carácter resiliente. En el cuerpo equivale a ser saludable.

La fortaleza existe porque existe la adversidad, se relaciona entonces con la vitalidad. La fortaleza es vida. Ser fuerte no es una actitud, tiene un trasfondo, un sostén. La fortaleza se siembra, se habita y nutre, se cosecha y se sostiene por sí misma cuando la hemos cultivado. Estudios y reflexiones la relacionan históricamente con la valentía, aunque no es lo mismo. Yo la asocio más con la propia valía, con aceptarse, con ese ser consciente de que la vida corre en nuestras venas.

La fortaleza saludable distingue lo que no puede controlar, y no se derrumba ni se crece ante los eventos cotidianos. Hay personas que no se sienten superiores cuando reciben elogios ni se derrumban ante las críticas, en esos términos son como la templanza. Quien posee esta virtud labra la felicidad de estar aquí con o sin riquezas. Por eso la fortaleza pone el valor en el ser, más allá de un tener o hacer; se deposita en existir. Los eventos son como cambios de estación: se asumen el éxito y el fracaso, el frío y el calor, el elogio y el vituperio. Desde la fortaleza se ama la vida como un paquete completo y como virtud te mantiene firme ante los vaivenes de la existencia.

Una fortaleza bien constituida aprende a lidiar con el miedo y con la incertidumbre, justo debido a sus cimientos. Es una virtud llena de sustancia en el difícil arte de transformarse a sí mismo, porque la vida es un cambio constante, hay que estar alertas a sus señales y apertura de caminos. Es de ahí de donde emerge la nueva conciencia. La fortaleza sirve para enfrentar la propia sombra y los prejuicios. El hacedor de sí mismo se vale de su propia fortaleza para convertirla en voluntad. Sin fortaleza se vive triste y sumiso. Es como la ausencia de sí y la falta de propósito. Se construye en los pasos cotidianos, en el diario ejercicio de sentirse conectado con las diversas labores, pues es un encuentro y reconocimiento con la fortuna de existir. La fortaleza es expresión de vida.

Existen otras connotaciones de fortaleza, pero aluden a un poder descontrolado, conquistador y promotor de guerras; un poder que no ama la vida. En tales casos no es una virtud.

Más allá de una buena salud física, la mala salud emocional mina la fortaleza de cualquiera. Hay quienes son fuertes y, a la vez, injustos, por eso me estoy refiriendo más a una fortaleza virtuosa, la que sostiene a los sabios, a los rectos, a los que a diario transforman al mundo transformándose.

Saber, querer, osar, callar

Lo llaman el gran axioma, *Axioma Hermético*. Estos cuatro conceptos hacen una cercana, aunque no exacta, analogía con las virtudes
cardinales expuestas; jugando a relacionarlos los acomodaría así:
saber con la justicia, querer con la templanza, osar con la fortaleza
y callar con la prudencia. El escritor mexicano don Antonio Velasco Piña, en el libro *El retorno de lo sagrado*, se refiere a saber, amar,
osar y callar como los cuatro caminos para llegar a ser un auténtico
mexicano. En ese mismo texto menciona las cuatro etapas por las
que pasa una civilización: la sagrada, la heroica, la humana y la de
rebaño, que es precisamente por la que transcurre nuestra actual
humanidad.

Algunos de estos estudios coinciden con lo que he planteado
desde un principio: las civilizaciones pasan por etapas. Es importante, en la medida de lo posible, asistir conscientemente a la apertura
y cierre de ciclos. Se está cerrando actualmente una era, o ciclo, al
mismo tiempo que se abre una nueva. En el hinduismo estas eras
son conocidas como *yugas* y son cuatro: Satya Yuga o Krita Yuga
(edad de oro), Tetra Yuga (edad de plata), Dwapara Yuga (edad de
bronce) y Kali Yuga (edad de hierro). Esta última se caracteriza por
ser una era decadente y oscura. Según algunas visiones, transcurrimos el ciclo de cierre, el Kali Yuga, aunque es difícil de determinar.
En lo personal considero que estamos en una crisis, no en una era
de oscuridad. Coincidentemente, el calendario maya marca el fin de
una etapa de cinco cuentas largas (26 mil años) y el inicio de otra.
Esta era se cerró con el solsticio del 21 de diciembre de 2012.

La crisis consiste en cerrar lo viejo para que se abra lo nuevo. Por
ese momento pasa nuestra civilización y por ese momento pasamos
tú y yo. La posibilidad de aportar algo a este cierre y apertura es un
asunto personal; se traslada a lo social cuando millones de personas actúan de manera consciente. Vemos estas señales con personas

que vienen a aportar lo suyo; no para hacerse de fama ni para obtener ganancias personales, sino para el regocijo que merece bajar el cielo a la tierra.

Las cuatro estaciones

En su obra *Las cuatro estaciones*, Vivaldi nos muestra que estos ciclos anuales viven dentro de nosotros. Qué mejor que un violín para plasmar en el oído del corazón lo que puede ser el frío invierno, la inmovilidad del hielo o la punta nevada de una montaña. Pasión y frío, una noche nevada. ¿Cómo llega el frío a habitar el corazón humano?

Vivimos en un mundo que marca un rítmico cambio en equinoccios y solsticios. Los elementos danzan, soplan los vientos y mueven las aguas; somos la naturaleza. La tierra se hace carne y se recorre, los ojos son la tierra que se mira y levantamos la mirada asombrados ante el vuelo del águila.

Tenemos primavera en la alegría del corazón. Sus mariposas revolotean en nuestro pecho, el olor de la hierba del bosque se manifiesta como una tenue caricia en la nariz. Has visto y escuchado cómo el viento de otoño arrastra las hojas secas, hojas que estuvieron vivas en la rama, como muchos de tus pensamientos que, cansados de tanto reverdecer en la imaginación, acaban por caer rendidos, secos, convertidos en un recuerdo.

Estás llena y lleno de un verano fértil cuando ríes y corres, cuando intentas ver el sol haciendo sombra con la mano. Estás lleno o llena de aurora boreal en tus asombros. A veces la vida se hace tan pesadamente cotidiana que nos mostramos insensibles ante esta abrumadora belleza. Las estaciones son colores, estados de ánimo marcados por el agua, el aire y la fertilidad de la tierra. La naturaleza señala el ritmo y se llena de árboles para su propia respiración; su ritmo alterna momentos, emite sonidos, como el *tam tam* de tu corazón.

Llénate la mirada de las obras de los impresionistas del siglo XIX, quienes abandonaron los talleres y salieron a pintar al aire libre: Monet, Renoir, Cézanne, Manet. Verás, además de las estaciones, la figura humana llena de naturaleza, nuestra historia en nuestro mundo. Somos otros cuando estamos entre arbustos, hierba y flores, rodeados del reflejo silencioso de algún lago; volvemos a ser nosotros al mirar una cascada con su ensordecedor rumor; las cuatro estaciones nos recuerdan que somos la naturaleza, la vida rodeada de más y más vida.

El cuatro, el siete, el once y el trece, el veintidós y el treinta y tres. Éstos y los demás números están llenos de significado, de contraste... Finalmente nada es estático. Los números nos acompañan, determinan geometrías y momentos: son las entrañas del cosmos que habitamos y nos habita.

๙ Máximas ๙

๙ La sencillez es una virtud. El hombre sencillo no se plantea tantos problemas alrededor de sí mismo, tal vez porque se acepta tal como es. La sencillez es lo contrario de la complejidad. Entre dos demostraciones o hipótesis, los científicos suelen privilegiar siempre la más sencilla, la más obvia. Quien ostenta esta virtud no se aplaude ni se critica, sólo vive de manera sencilla.

๙ No maduras por deseo, maduras porque el tiempo ha hecho su labor en ti, y aun así no todos los viejos son maduros ni todos los jóvenes, inmaduros; hay viejos jóvenes y hay jóvenes viejos. Estar presente en todo tu proceso de vida es un aprendizaje de ti mismo que no viene en ningún libro.

≈ Yo siembro en el camino la palabra, del río que me recorre por dentro, es ese que a su vida brinda aliento, ese que está brillando en su mirada. La templanza me dice entre sus alas: "Vive prudente y placenteramente, que es triste la pobreza malviviente, y triste es la arrogancia en la balanza". Atentos: este cuerpo es nuestra casa, agua del interior y agua terrestre.

≈ La vida entra a nosotros por los ojos y los oídos. Es cierto que los otros sentidos también participan, pero principalmente lo que vemos y oímos. Por eso la música nos ordena; escuchar música es prestar atención a un elemento sonoro y geométrico. Cual música, la vida suena.

Educados por maleducados

"¿O no, Enrique?... ¡Yo al menos así fui educada!", comentó Mary abriendo grandes los ojos, alzando los hombros y levantando las palmas a la altura de sus oídos.

He querido empezar este capítulo con un recuerdo que se quedó resonando en mi memoria. No es necesario que revele el tema que Mary, mi amiga y yo, comentábamos. Lo que quiero destacar es la poca capacidad reflexiva que tenemos ante las inercias de vida, que nos van formando. "Pues entonces te educaron mal", me hubiese gustado responderle. De pequeños absorbemos una información y la tomamos como cierta; aún no estamos preparados para cuestionar si en realidad es verídica, útil o funcional. La absorbemos como esponjas.

Fuimos educados de la misma manera en que fueron educados nuestros padres por nuestros abuelos, a la vez que los abuelos por los bisabuelos y así nos podemos ir hacia atrás hasta perdernos en el tiempo. Quiero imaginar que se hizo de la mejor manera posible, por lo menos con lo disponible. En este rubro de lo que nos educa puede vivirse de todo, desde lo más turbio hasta lo más útil y hermoso. Sin embargo, a veces la lealtad a un entorno familiar no permite desarrollar una visión crítica, práctica y objetiva de cómo es ese núcleo que nos forma. ¿Por qué hablar de lo que nos educa? Porque es necesario saber de qué estamos hechos.

Hay diversos factores que intervienen en nuestra educación. Hablemos un poco de ellos.

De la casa y la escuela

¿Quién o qué nos educa? A nuestra mente vendrá probablemente el siguiente comentario: nos educa la escuela. Es cierto, pero los factores que intervienen en nuestra formación son más, incluyendo, claro, a la escuela. Nos educa la familia, la religión, la calle, es decir, nuestras relaciones amistosas y de trabajo; y, por supuesto, nos educan las pantallas, los medios de comunicación: televisoras, radio, disqueras, agencias de publicidad, productores de cine y series, prensa en general, además del internet. Estamos expuestos a una cantidad abrumadora de información, un verdadero océano.

Lo que ocurre en nuestras vidas, en nuestra familia, nuestro país y el planeta entero está fuertemente ligado a la educación. El problema planetario es en buena medida educativo; la educación está inevitablemente ligada a una inercia de creencias que lleva siglos, pero también a las conveniencias de los grandes grupos de poder. Un ejemplo evidente de ello es la poca disposición de todas las religiones a darle un lugar digno a la mujer. Hasta la fecha no hay una papisa en el Vaticano, ni en las altas jerarquías de la Iglesia protestante ni ortodoxa. Además de la difícil situación de la mujer en el ámbito musulmán y el judaísmo ortodoxo.

Tú y yo resolvemos la vida de acuerdo con cómo fuimos entrenados, de acuerdo con lo que vivimos, durante nuestra niñez y adolescencia, en el hogar y bajo la influencia de los otros factores educativos mencionados. Por cierto, se piensa que nos educa lo que nos dijeron en casa a manera de instrucción verbal, pero es más determinante lo que absorbemos cuando vivenciamos el ambiente cotidiano. En las familias, los hijos ven y oyen todo el tiempo la cotidianidad reinante; aprenden lo que ven, lo que viven, y eso educa más que un discurso aleccionador.

Como comenté renglones atrás, ya en la vida adulta, a veces, el sentido de pertenencia a la familia nos impide cuestionar hasta qué grado es útil deslindar y desechar algunas creencias para aprender de manera diferente. Ello es así porque ese mismo sentido de pertenencia crea lealtades, donde actuar de modo diferente nos lleva a sentir que estamos traicionando nuestro origen. La familia nos forma, es un sello, una identidad, y cuando es funcional proporciona una muy beneficiosa red de contención, pero no todo lo que se absorbe y se vive en el ámbito familiar es saludable. A veces, por el contrario, es muy doloroso. El lazo familiar nos marca y si no sabemos cómo desenredar la madeja, estaremos destinados a reproducir algunos de esos dolores a lo largo de nuestra existencia, además de transmitirlos a nuestros hijos.

La familia sana permite a sus miembros experimentar su unicidad, su sentido de ser auténtico sin parecerse a nadie. Cuando la familia impide a sus miembros diferenciarse, esto se traduce en un control disfrazado de amor.

Voy a ligar ahora a la familia con la escuela; ambos son factores educativos determinantes. Para ello me serviré de un comentario extraído de mis lecturas. Hace algunos años, disfruté del libro *El elemento*, de Ken Robinson. La obra narra, entre otros temas, el caso de Gillian Lynne, quien de niña tenía preocupados a sus padres y maestros porque era sumamente inquieta. La pequeña no dejaba de moverse. Los profesores reportaban que no ponía atención y era difícil de controlar, no sabía estar atenta a las lecciones debido a su constante inquietud, así que decidieron llamar a los padres. Tras una reunión en la escuela, les sugirieron llevar a Gillian con un psicólogo. Corrían los años treinta, hace casi un siglo.

La madre de Gillian y la pequeña fueron a ver a un especialista. Durante la sesión, llegó el momento en que el psicólogo le pidió a la mamá salir con él del consultorio. Antes de irse, el hombre encendió la radio poniendo un poco de música. Minutos más tarde, ambos se situaron frente a una ventanilla que daba al consultorio, un lugar donde la niña no podía verlos. Gillian se había levantado del sillón y se movía con mucha gracia en una danza acorde con la música que escuchaba. "Su hija no está enferma, señora. Su hija es una bailarina, llévela a una escuela de danza", le recomendó el psicólogo a la señora Lynne. Años más tarde, la propia Gillian narra que ingresar en la escuela de danza fue maravilloso. "Todos eran como yo, personas que no dejaban de moverse para poder pensar." Con los años Gillian se convirtió en una famosa coreógrafa, y creó, junto con Andrew Lloyd Weber, grandes producciones, entre ellas *Cats* y la adaptación teatral de *El fantasma de la Ópera*.

Historias como la anterior, que no siempre tienen un final exitoso, se cuentan en todos lados y a veces están llenas de frustración porque la educación de nuestro tiempo atiende poco a la vocación de los niños; y lo mismo ocurrió con nosotros. Estamos educados en serie, eso provoca infelicidad y confusión. Decía Sócrates: "Educar no es llenar un recipiente, es encender una llama". De ahí se desprende el concepto desarrollado por este filósofo que se conoce como "mayéutica". Este método educativo consiste en incitar al aprendiz a encontrar la verdad confiando en sus propios recursos y características, sin imponer el clásico rol del maestro: "Yo soy el que sabe y enseña, tú eres el que aprende", que puede traducirse como "yo soy el que habla, tú eres el que calla". La mayéutica toma en cuenta las aptitudes propias del aprendiz y lo induce a usarlas para descubrir el mundo que le rodea.

En este contexto, tal vez durante un proceso de toma de consciencia, podremos aprender a desaprender; es decir, corregir la visión, asumir que podemos aprender de nosotros mismos, usarlo como factor educativo, aun en la edad adulta. La vida es autorreferencial. Aprender a desaprender nos lleva a un proceso de introspección en el que nos damos cuenta de quiénes somos, más allá de cómo fuimos formados. Tomamos como un hecho que aprender es cosa de niños y adolescentes, incluidos los jóvenes universitarios. Luego lo que sigue es trabajar. La misma presión normativa en el ambiente dicta que lo que sigue es casarse y tener hijos. Cierto que hay quienes no se entregan a estas costumbres, pero son una minoría. Ciertamente es de gran utilidad revelarse, correr el riesgo de ser diferente, y para eso lo más importante es mirar hacia dentro.

> *Te recibes, te casas, te compras tres casas, te mueres haciendo millares de tranzas.Regañas al viento, conduces las vidas, te estás convirtiendo en lo que era tu tía, y cada vez que llega la Navidad, te pones sentimental.*
>
> "Muñeco de cuerda", canción
> de Enrique Quezadas

El sistema educativo de Finlandia destaca en todo el mundo. Es importante resaltar algunos aspectos de cómo lo ha forjado esta nación. Ser profesor allí es una de las profesiones con mayor prestigio y no todos los aspirantes consiguen entrar en la carrera para ser maestros. Los profesores adquieren una gran dosis de sensibilidad social. Padres, madres, tutores y la sociedad en general a veces piden consejo a los profesores debido a su alta preparación. En los primeros años de instrucción, a los niños no se les califica con números para no fomentar las comparaciones. La relación con el maestro es cercana y no hay más de veinte alumnos por salón de clases. No se favorece la memorización, sino la curiosidad, la creatividad y la experimentación. El sistema no se centra en transmitir información, sino que pone énfasis en aprender a pensar, no lo que se debe pensar. El profesor es evaluado constantemente y recibe retroalimentación por parte de profesores más experimentados.

Estas aportaciones de lo que es un sistema educativo funcional acercan a los individuos a una experiencia cercana a la autorrealización. Por supuesto que lo que ocurre en Finlandia tiene que ver con sus propias características y condiciones, por lo que trasladarlo a países con cientos de millones de habitantes no es tan sencillo o inmediato. La educación en cada nación siempre tendrá como rasgo ineludible su propia cultura, algo que influirá en el sistema educativo y lo hará diferente. Es necesaria una revolución educativa a nivel planetario. Las condiciones económicas, ecológicas, políticas, bélicas y de enorme pobreza así lo indican. Otro mundo es posible.

El desarrollo de las artes nos habla siempre de los alcances de una cultura determinada. En la etapa del Renacimiento, lo primero que se nos muestra son las pinturas y esculturas de Miguel Ángel o de Leonardo da Vinci. Cuando nos queremos acercar al conocimiento de una etapa histórica de alguna sociedad ponemos atención en las expresiones de sus grandes músicos y arquitectos. En la antigua China siempre se tuvo en cuenta la música en la formación educativa y hoy en muchos países se promueve el aprendizaje musical y artístico en general.

En la escuela contemporánea es importante que se introduzca la materia de creatividad desde la instrucción primaria; no será una materia en la que el alumno acumule más datos, sino una práctica constante de alternativas para resolver problemas tomando en cuenta incluso los recursos de los demás (el arte de la cocreación).

Las artes y las ciencias otorgan potencialidad creativa y conectan con el mundo de una manera en que la sensibilidad y la inteligencia siempre están en movimiento. Ahondaré en ello en la parte final de este capítulo. Es importante tener presente, por el momento, más allá de las artes, ir adentrándonos en las diversas habilidades y destrezas que se traducen como vocación en la actividad cotidiana, la vocación es la destreza con la que se nace, evadirla equivale a vivir con tristeza. Como afirmaba Carl Gustav Jung: "La vida no vivida es una enfermedad de la que se puede morir".

En la actualidad, muchísima gente realiza a diario trabajos con los que no se identifica. En términos existenciales, llevar a cabo labores cotidianas que no tengan que ver con nuestra naturaleza es una fábrica de infelicidad, es vivir desnaturalizado. El desarrollo educativo, al menos en el tercer mundo, no se ha basado en comprender y promover las aptitudes y habilidades de los educandos; tanto en el colegio como en el hogar no se ha impulsado la vocación. Ésta se sustituye por una serie de datos y conceptos que tienden a la productividad, y en atención a dicha productividad se ha dejado de lado la expresión de nuestro ser en la experiencia de estar aquí. Las actividades laborales rutinarias conducen al aburrimiento, a una condición sin sentido, como vivir poniendo sellos. Aunque también es cierto que, a veces, el aburrimiento funciona como un gran despertador, que ocurre cuando la persona se hace consciente de la situación. Conozco personas que despliegan una valentía interior y que corren el riesgo de dar un giro laboral para recuperar el interés en su estar en el mundo.

Ejercer la habilidad individual tiene que ver con el desarrollo de las personas. Los afanes existenciales nos conectan con la existencia, vienen de la inspiración de la naturaleza, son múltiples. Respetarlos es respetarse, pues tienen que ver con nuestra expresión de vida.

Es cierto también que conectar con la propia vocación a veces es difícil. De hecho, hay millones de seres humanos a los que les cuesta descubrir sus talentos. Se puede pensar que identificarse con una carrera u oficio determinado es conectar con una vocación, pero no necesariamente es así; dejarse fluir es determinante para tener un encuentro con esa energía. He conocido gente que recorre el mundo con una mochila al hombro y ésa es la manera de ser fiel a su energía natural. En todo caso, si no descubres aún tus habilidades haz cotidianamente lo que amas sin importar tu edad o circunstancia. Hay quien encuentra su vocación a los 50 o 60 años. La madurez en estos casos ayuda a encontrarse. Ser como se es constituye un encuentro con la propia circunstancia, pero más vale correr el riesgo de buscarse y no vivir adaptado a un molde, a un "deber ser".

Acercarse a la educación emocional

Vivimos sintiendo y acercarse a los sentimientos es hacernos conscientes de la importancia de las emociones en nuestra vida. Reaccionamos ante las emociones siempre, el raciocinio está ligado a los sentimientos, y de acuerdo con esos sentimientos en ocasiones usamos la razón como espada. Ese actuar mueve el engranaje planetario y el resultado es tristemente evidente. Darnos cuenta de esta condición es aleccionador, es adentrarnos en el conocimiento de cómo funcionamos. No somos sólo seres racionales; somos seres emocionales que razonan. Estudiamos el mundo sin estudiarnos. Por supuesto que descubrirse no es tarea fácil, es tal vez cosa de toda la vida, pero no hacerlo es vivir ausente de sí. Muchas discusiones y debates en el hogar, la calle y la escuela podrían pasar por el tamiz de la autoobservación. Estamos hirviendo por dentro y lo convertimos en espada, la espada de la razón, nuestra razón.

El proceso humano transcurre de ese modo, lleno de vaivenes reactivos, de buscar y encontrar, de sostener algo como cierto el tiempo que se pueda sostener, pero hay una tristeza interna intocada. Suena en el aire la pregunta: ¿cómo es que, siendo tan inteligentes, cometemos una buena cantidad de estupideces? Así es como funciona el juego que estamos jugando. Creo que parte de la magia de una revolución educativa está en ser conscientes de nuestros sentimientos, así como de los sentimientos de los niños y los adolescentes. Actuar conscientes de esta situación para generar maneras saludables ante nuestra condición humana, que por lo general señala hacia fuera sin ver hacia dentro.

Hubo una época en que la Santa Inquisición quemaba a las mujeres acusándolas de brujas; hubo un tiempo en que los malos gobernantes fueron a dar a la guillotina. Sirvan estos dos ejemplos como una muestra de lo que son las emociones colectivas. Hay que decirlo de nuevo: estamos hechos de tiempo, de una historia personal, familiar, nacional y planetaria que registramos y sentimos. Se discute y debate en medios de comunicación y en política, porque lo mismo se hace en las reuniones de amigos y en la familia. Ésa es la realidad del ego, el mismo hecho ocurre con la pareja y los hijos. El individuo habrá de preguntarse cuánto discute y debate dentro de sí mismo; por eso generar paz interior es tarea educativa, más que religiosa.

Adiestrar no es educar. Aun así, en la gran mayoría de los países de nuestra civilización se vive con ese malentendido educativo. Se adiestra, no se educa. Renglones atrás, al citar la mayéutica socrática, he sugerido prestar atención para encender esa llama. Al hablar de civilización me refiero a los ejemplares humanos que poblamos este mundo. Es así como estoy hablando de algo que te concierne. El niño que fuimos tiene mucho que ver con el adulto que somos, y el niño es el padre del adulto que seremos. Eso a la larga tiene que ver con que hay jóvenes maduros y viejos inmaduros, hay viejos jóvenes y hay jóvenes viejos, y todos fueron niños. De ahí la importancia de la educación.

Los niños son muchas veces nuestros maestros. Esto es así porque aún no están domesticados, hay pureza en la niñez. El magisterio ha sido conformado para transmitir un aprendizaje, pero esa formación ha pasado por alto que cada estudiante es diferente. "Yo no soy psicólogo", me respondió un maestro durante una conversación donde toqué el punto. No se necesita ser psicólogo para desarrollar habilidades que respeten la naturaleza particular del estudiante. Lo que se necesita es sensibilidad. En los colegios integrales que existen hoy en día se imparte a los pequeños una enseñanza de respeto y unidad, la consciencia de que todos somos el otro; y, también, la consciencia de que aun siendo muy inteligentes podemos ser peligrosos para nosotros mismos. Pero eso se enseña solamente en colegios particulares o escuelas que se basan en los métodos de Maria Montessori, Paolo Freire u Ovide Decroly, entre otros.

Lo religioso

Para escribir acerca de lo religioso debo hacer la siguiente aclaración: hablaré acerca de instituciones humanas, con características de lo humano; por lo tanto, no me referiré a Dios, sino a alguien o algo que dice representarlo. A modo de reiteración, cuando hablo de las religiones no estoy hablando de Dios, sino de una idea de Dios. Entiendo que para los religiosos no es así.

Las religiones y visiones de la divinidad han existido siempre. El humano las crea por su necesidad de contactar de alguna manera con un poder superior. Es una necesidad de protección, de guía; una búsqueda para resolver las eternas interrogantes: quiénes somos, de dónde venimos y hacia dónde vamos. La creencia asumida da entonces algún tipo de seguridad al creyente, algo de lo cual sostenerse ante el reto de vivir y la perspectiva inevitable de la muerte, y se convierte en cultura cuando proporciona contención y cohesión a una comunidad.

La gran masa humana históricamente ha necesitado de intermediarios para comunicarse con Dios, es decir, sacerdotes, pastores, obispos, cardenales y ministros. Y es en esa confianza donde puede ocurrir todo tipo de situaciones, incluyendo abusos.

También es verdad que algunos de estos clérigos guían con sabiduría al tiempo que dan fortaleza a sus allegados. Por fortuna han existido personajes como Leonardo Boff, un teólogo franciscano, ecologista y sabio, cuyas posturas le acarrearon conflictos con el Vaticano.

Más allá de las religiones formales hoy se han abierto caminos con una visión particular. Llevan a cabo sus estudios y rituales con entrega y devoción. Esas disciplinas otorgan a sus practicantes fortalecimiento y sabiduría en su actuar cotidiano. Las hay inspiradas en las tradiciones y la sabiduría ancestral de toda América. Existen grupos de enseñanza y práctica de danzas sufís, movimientos de tensegridad, también disciplinas como el chi kung. Esos caminos conllevan una gran profundidad, me parece que son de mucha utilidad para quien elige transitarlos.

En lo personal elegí desaprender la religión que me fue inculcada, pues estaba basada en repetir las creencias que adquirieron mis padres, abuelos y ancestros. Entre esas ideas subyacen premisas fundamentadas en el miedo y la culpa, asumir esos conceptos es tóxico para el desarrollo de las personas.

Mi encuentro con la idea de Dios me lleva a no hacer ni sostener afirmaciones acerca de su naturaleza. En ese sentido soy muy cercano a la postura de los agnósticos: no creo que la mente humana sea capaz de comprender o definir a la divinidad, a eso que nos ha dado la experiencia de vivir. Pese a ello, me atrae pensar y ejercitar en mi interior acerca de aquello tan extraordinario que nos tiene vivos. Tengo en mí una irrenunciable sed metafísica. Creo en Dios, tengo mi experiencia y visión, he logrado resignificarlo con base en mi experiencia. Poseo, entonces, mi versión y, si bien no la impongo a otros, si a alguien le sirve la comparto gustoso.

Dios es un asunto personal y, como tal, merece una experiencia interna, Sin embargo, en algunas de las grandes religiones trasciende lo personal y toma forma de identidad nacional, donde hay una sola manera de entender esta idea mediante rituales, costumbres y escrituras de las que derivan creencias, interpretaciones y mandamientos. Los cristianos tienen diez mandamientos, los judíos seiscientos trece, en el islam toman forma de pilares y son cinco.

Cuando lo religioso forma parte de una identidad cultural o nacional puede desatar enfrentamientos tristes y desastrosos que están muy lejos de hermanar a la humanidad.

En lo personal, tiendo a la unificación humana sin repetir cuestiones aprendidas que no me constan. Para ello me baso en cosas que siento y vivo, así como sé que hay un tejido invisible que nos enlaza a todos, creyentes y ateos. Sé, por experiencia, que el amor es una

energía extraordinaria y liberadora que habita nuestros cuerpos, y
sé también que, para experimentarla, hay que hacerle un espacio en
nuestro interior. Ese espacio se hace vaciándose de conjeturas y fa-
natismos. Se trata de un trabajo de congruencia con la propia visión
que se mantiene de manera sostenida. Muchas veces la persona no
se da cuenta de las cargas que se echa a cuestas a causa de conjeturas
aprendidas. La limpieza interior constante es un factor determinante para quien quiera ser habitado por la energía del amor. Y para
realizarla, la práctica del silencio interno es de gran ayuda. Esto es
así porque el amor no se explica ni nace del raciocinio; surge en la
paz y el silencio.

Si bien es justo decir que, en principio, todas las religiones promueven valores morales, al mismo tiempo manifiestan un violento
fundamentalismo que tiene intereses más allá de lo espiritual. Dicho fundamentalismo ha matado a millones de personas en nombre
de sus creencias, en nombre de su idea de Dios. La religión es una
ideología y esa ideología se transforma en anteojos para mirar la
realidad, se traduce en la rigidez de las ideas en un actuar que no escucha ni negocia. Históricamente las guerras han tenido detrás a las
religiones, manifestando todo tipo de vicios e intereses humanos,
lejos, muy lejos de lo divino.

Las instituciones religiosas se han involucrado con intereses
políticos, educativos y poderes económicos, alejándose del amor
y la sabiduría. Tan sólo en México, grandes instituciones educativas como la Universidad Anáhuac y la Universidad Iberoamericana
se cimentan en los Legionarios de Cristo y en los jesuitas, respec-
tivamente. Es así como lo refiere el analista Bernardo Barranco,
maestro en sociología del catolicismo contemporáneo, egresado de
la Escuela de Altos Estudios Sociales de París. También hay instituciones religiosas secretas, como El Yunque, que mueven hilos en las
decisiones políticas en México y el mundo. Este tipo de grupos son
muy poderosos, pero se mantienen ocultos. Además, instituciones

como los Legionarios de Cristo y La Luz del Mundo tienen un largo historial de abuso sexual con niños y trata de personas.

Es de suma importancia que si mi lector tiene alguna religión sepa que soy un gran admirador de la figura de Jesús de Nazaret, aunque no por eso lo soy de quienes dicen representarlo. Ojalá un día las religiones cristianas dejen de representar al maestro Jesús con la imagen de un martirio, manteniéndolo después de más de dos mil años clavado en una cruz. Eso ayudaría a que los creyentes dejen atrás el sentimiento de culpa, al mismo tiempo que liberaría al maestro de las huellas del suplicio vivido. Muy bien se le puede recordar mediante otras imágenes.

Sería de suma importancia, por otro lado, un encuentro interreligioso mundial que haga visible la falta de coherencia que manifiestan algunas religiones, sobre todo en cuanto a la sexualidad reprimida, que ha causado conductas como la pederastia y otros abusos a los fieles, que surgen a partir de una castidad forzada.

Hasta ahora he ligado la familia con la religión y la escuela, que son parte de los factores educativos que nos forman y que generan sendas rutas en nuestros fenómenos de convivencia. Esta amalgama, junto con los grandes medios de comunicación, funciona como engranaje de los rasgos sociales manifiestos en la cultura contemporánea. El poder mediático se ha encargado de reproducir este engranaje sin que medie noción alguna de responsabilidad social.

Los medios de comunicación

"Es que salió en el noticiero", hemos dicho a lo largo del tiempo para reafirmar información acerca de lo que nos concierne. Hasta hace poco se pensaba que los grandes medios de comunicación eran confiables, tal vez por el hecho de aparecer un famoso personaje durante años en la pantalla, con una gran infraestructura. Estos personajes entraron tanto en el inconsciente colectivo que sólo hacía falta que lo dijera uno de ellos para tener certeza de lo difundido y tomarlo como cierto. Hoy, en la era del internet y con la sobreoferta de información que hay, esa percepción de los medios está cambiando. Su poder ha menguado, aunque siguen siendo fuertes generadores de opinión.

Los medios de comunicación son empresas y, por lo tanto, representan intereses (los intereses de sus dueños). Sus noticias promueven su visión ideológica y conveniencias. Esto ocurre lo mismo en el capitalismo que en el socialismo. En ambos casos son un método de adoctrinamiento y control social.

Es justo añadir que tanto en los medios mencionados y, sobre todo, de manera independiente, hay periodistas que se entregan a su labor con rectitud, los hay aquí y en todo el mundo. En México, a algunos de ellos esta independencia les ha costado la vida. Debo hacer mención y reconocimiento en este sentido a uno de los periodistas más valientes de la era contemporánea, quien por difundir la verdad ha pasado años de encierro. Me refiero a Julian Assange.

Además de los noticiarios, los medios difunden en sus mensajes modos competitivos, es decir, una información ensimismada que se reproduce y promueve sin posibilidades de reflexión. La publicidad se basa en la explotación de las ansiedades sociales. Estamos en una sociedad que divide a la gente entre *winners* y *losers* (ganadores y perdedores), "es un fracasado" se dice de unos, "es un ganador" se dice de otros, y que inculca una noción del éxito que se traduce en beneficios económicos; esa información es un factor educativo. A eso se reduce el éxito. Se promueve así la competencia y no la cooperación. Se puede vivir y morir haciendo este tipo de declaraciones acerca de los demás o de la propia experiencia de vida. Reducir a las personas a ese tipo de calificativos es muy engañoso, además de poco serio. Si bien es cierto que la disfuncionalidad existe, se dejan de lado factores educativos que afectan el desarrollo de las personas. Nuestra sociedad se queja de lo mismo que produce: crea mecanismos para señalar a los individuos que el propio engranaje genera. En cualquier circunstancia de vida en la que se destaquen los ganadores, se requerirán perdedores; los unos existen en función de los otros.

Tú no eres tu éxito ni tu fracaso; la vida es una experiencia no una carrera. Eres, soy y somos seres ejerciendo una expresión de vida. Si afirmo que es posible la integración para esta humanidad, ésta deberá pasar por un verdadero desarrollo social y, por lo mismo, personal que incluye el incremento de la consciencia desde la escuela, la familia y las creencias religiosas, respetando siempre la libertad de ser. La integración humana es saber y sentir que todos somos el otro, que el otro proviene del mismo principio que nos dio vida, pero con diferente rostro, historia y pensamiento. Esto es así porque lo diverso representa movimiento. Ninguna ola oceánica es igual a otra, pero en cada una de estas olas viaja la profundidad del mar. Somos un océano humano.

En las sociedades capitalistas se difunde desde el poder mediático la capacidad de compra como artífice del éxito y, por tanto, de la felicidad. Como lo dice el filósofo surcoreano Byung-Chul Han, vivimos en la sociedad del rendimiento, como si el estar en la vida se tratara sólo de producir. La inactividad, necesaria para la contemplación de la existencia, puede interpretarse como una holgazanería alarmante, pero la contemplación no es pereza sino reflexión y asombro ante la grandeza que nos rodea. Cuando se manifiesta la pereza puede ser por falta de identificación con la labor que se realiza, falta de entusiasmo; es una señal de estar usando nuestro tiempo en una actividad con la que no tenemos ningún tipo de conexión. La práctica de la contemplación puede ser confundida con la pereza, pero son completamente diferentes. La contemplación eleva y da sentido, la pereza refleja falta de interés y aburrimiento.

El resplandor que proporciona el tiempo libre se contempla en la inacción, en la quietud, que es una fascinación que nos identifica con la vida, no con explotarnos a nosotros mismos, convirtiéndonos en un rebaño de máquinas. Vivimos en la cultura del esfuerzo, nos toma y la reproducimos. Hoy todos los países miden su crecimiento en porcentajes del producto interno bruto, como si fueran una empresa que tiene ganancias y utilidades. Se idolatra el esfuerzo y el sudor. Esta productividad exacerbada ha generado un sistema económico que tiene sumida a la mitad de la humanidad en la pobreza. No tenemos una economía que sirva a los humanos, tenemos humanos sirviendo a la economía. Muchas corrientes de pensamiento han intentado derribar esta situación planetaria. No sé si lo lograremos como masa; lo que sí sé es que se puede asumir una consciencia personal que no lo alimente.

De ahí, de la contemplación, puede surgir una definición diferente de éxito, al saber que no necesitamos recurrir a medidas externas para saber quiénes somos. En esta definición de éxito no nos comparamos con los demás, no intentamos ganarles ni ser mejores que los otros. Es ésta una tarea autoeducativa, donde descubrimos que la insatisfacción nos ocupa de tal modo que siempre queremos más, deseando más y, por lo tanto, careciendo más. Es una maquinaria inconsciente. Nos acercamos mediante esta tarea reflexiva al éxito como experiencia interna. Es decir, aprender mediante la práctica a conectarnos con nosotros y generar la noción de ser feliz por ser. Esa experiencia puede ser un motor interno de satisfacción y gratitud. Se traduce finalmente como paz mental. La paz históricamente se ha buscado como elemento religioso, pero la paz es un asunto educativo; se puede encontrar en un templo, sí, pero hay diversos factores a comprender para que de verdad nos asumamos como fabricantes de esta paz interna. La paz no es producto de una mente positiva, es producto de una mente responsable. Entonces ocurre que tus proyectos y propósitos tienen una diferente coloración, se desarrollan sin ansiedad, eres más tú, no te comparas ni dependes.

No hay autoeducación sin reflexión y trabajo interno. Esto se puede ver en todos los ámbitos, por ejemplo, educarse financieramente se lleva bien con la paz y la responsabilidad. El sistema financiero internacional está basado en deuda: los países, las empresas y las personas deben dinero y pagan intereses, por eso siempre hay inflación, porque se tiene que estar imprimiendo dinero para el pago de dichos intereses. Con el fin de no alimentar este cruel sistema es importante no endeudarse en lo personal, es decir, no gastar lo que no se tiene. Endeudarse no es saludable. Aprender a no endeudarse es tarea autoeducativa. Hay una infinidad de rubros donde podemos emprender la tarea de construir la satisfacción que brinda la autoeducación reflexiva. La apertura creativa de esos caminos es la finalidad de este libro.

Hay en Asia un pequeño país que me llama la atención. Es un reino budista ubicado en la cordillera del Himalaya. Se trata de una monarquía constitucional llamada Bután. Es el único país que mide la felicidad de sus habitantes mediante un ministerio encargado de tal fin. Se mide la felicidad nacional bruta como el principal indicador de desarrollo. Al rey de esa nación le interesa la felicidad de sus gobernados.

En el resto del planeta, el festejo de ser y existir se practica poco. Hoy en la fiesta humana hay mucho alcohol y pocos abrazos, se confunde el consumo con el bienestar. La tribu, como representación de la comunidad humana, se sustituye con redes sociales, pero no es un contacto real, no se puede abrazar un teléfono. Esta desconexión da como resultado la deshumanización. Pero es lo que hay por ahora, y darse cuenta es tomar acción responsable sobre el hecho en nuestro entorno. Cualquier iniciativa consciente para reeducarse, o bien para no dejarse llevar por la corriente del rebaño, debe aplicarse en lo personal: impactar primero en el ámbito particular.

La tribu, expresión de canto y danza

La familia y los amigos denotan comunidad, conservan nuestra naturaleza gregaria y tribal. La tribu danza y canta, festeja y comparte; la tribu ve por el otro. No toma del árbol más que lo que necesita. Retomar a la tribu es recordarnos a nosotros mismos en relación con los demás que tienen vida. Esta vida que nos regala una ración de tiempo, porque nuestro tiempo es la verdadera riqueza que tenemos. Es ahí cuando revolotea el cabello por efecto de un viaje en bicicleta o el movimiento de una danza se traduce en encanto, alegría o felicidad. Compartirlo es contarlo, por eso la tribu es un encuentro vital con quienes somos. La comunidad es una danza compartida, un encuentro; se festeja en la conversación, se conversa acerca de todo y de nada, es un modo de contemplación de la existencia. Contemplar es vivir sin urgencia.

La tribu puede ser un grupo de amigos que comparten diversas prácticas, visiones o creatividad; puede ser a veces la familia. La tribu es una red de contención que otorga el apoyo confiable para expresar nuestra naturaleza. Por eso la tribu canta y danza. El canto vibra en el pecho y la garganta. Antiguamente, se cantaban historias de héroes, se narraban sus gestas, se contaban historias nacidas en los poblados cercanos, todo en la cercanía tribal. Los habitantes de una nación cantan himnos; el himno es símbolo, es unión, es confluencia. Cuando cantas te curas, te hermanas a coro; cuando cantas te habitas de otra manera; cuando cantas sientes, te emocionas y, a veces, lloras.

Por eso, al hablar de la tribu, vuelvo a destacar la importancia de las artes. Todas las personas en sus ratos de ocio escuchan música, durante los fines de semana cantan y danzan. Entonces, ese pedazo de vida se habita como descanso porque se vive sin esfuerzo. En tu siguiente reunión o fiesta siéntate un rato a observar a la gente y mira cómo nos transforman la danza y el canto. En ese momento desaparecen las diferencias.

Los niños cantan antes de hablar, bailan antes de caminar, son tribu en su naturaleza primera. Cantar y danzar te acerca a tu naturaleza, el niño o niña que fuiste resuena en ti, no se ha ido, juega. La rigidez adulta tiene remedio a través del juego.

La vida es como la hacemos. Tengo una visión humanista del desarrollo personal que pone énfasis en que todo en la vida es en relación con los otros: familia, amigos, oficinas, negocios y sociedad en general. La vida es como son tus relaciones: éstas son acordes a la manera en que las fuiste labrando y a tu tipo de carácter. Cuando las cosas no funcionan la realidad lo refleja; si no marchan por buen camino tenemos la opción de desaprender. Es decir, dejar de practicar lo que no funciona, vencer el apego a lo conocido.

A manera de ejercicio, a veces reviso las letras de las canciones que escucho y canto. Recomiendo hacerlo. Lo que se canta se repite, lo que se repite se aprende. Es una práctica para saber elegir opciones de un canto saludable; donde las palabras pronunciadas y lanzadas al viento sean una expresión luminosa. Es bien sabido que la industria te ofrece lo que se vende, y muchas veces se vende el canto de la víctima y la violencia verbal. Actualiza tus listas de reproducción, eso es desaprender. Si no lo haces tú, nadie lo hará por ti.

Hay música en las palabras, por eso la poesía cura, y la buena canción se puede concebir como literatura cantada. Elige un canto limpio y a la larga tu garganta emitirá palabras limpias. La vibración de tu pecho resonará de maneras elegantes. Dale a tu oído belleza, esa belleza es parte de tu alimento. Ingiere belleza, mira belleza.

En las reuniones con amigos y familiares se recupera el contacto con la tribu, la conversación es un acto tribal. Propón dejar los teléfonos apartados de las sillas o sillones, con el fin de promover el contacto comunal. Prueba primero unos minutos, después unas horas.

Cúrate leyendo poesía o declamando, vívete con pinceles coloridos, entra a un grupo de teatro, aprende a tocar un instrumento, haz artesanía. Te experimentarás como no te conocías, te estarás reeducando.

࿇ Máximas ࿇

࿇ Actuar de manera consciente en medio de la inconsciencia es una manera de respetar la vida y tu corazón. Conectarse con la propia trascendencia le está ocurriendo hoy a muchísimas personas en nuestra civilización. No estás aquí para dejarte llevar por la corriente.

࿇ Mi modo de promover la devoción no es la entrega a una creencia adquirida; es una conexión propia para vivirte como sólo tú te conoces, eso es espiritual. Mantente cerca de personas que exhalan esa agradable fragancia, esa vibración al ser lo que son. Esta devoción espiritual no se aprende, se ejercita.

࿇ El amor es una energía no un sistema de creencias. Si tus creencias te separan del mundo algo anda mal. Los grandes maestros de la humanidad predicaron unidad y consciencia. La religión por excelencia se llama amor.

࿇ La salida es hacia dentro, el trabajo con la propia experiencia de vida es un despertar; la belleza se busca afuera, pero muchas veces está en el ojo del observador. Es por eso que dos personas pueden ver un mismo hecho de manera diferente.

࿇ Desaprender requiere mucha valentía y seguridad; desaprender es saber que otro mundo es posible y comenzar por el propio; desaprender es desarticular lo que se debe ser para ser lo que se es; es saber escuchar las voces internas que nos revelan otra posibilidad de estar en el mundo.

❧ Si te perteneces a ti mismo la alegría será inevitable. Tu visión, tus maneras, tus costumbres están por encima de los mandatos sociales. Al ocultar tu energía para darles gusto a los otros te estás desnaturalizando.

La Tierra está viva

Hombre, poder oír, los conciertos que da el viento
ver danzar los elementos, sólo se vive en un cuerpo.
Tierra, allá en los cielos, se desea venir aquí
a saber que siendo el fuego, el frío puedas sentir.

"Tierra"
Letra: José Luis Villanueva
Música: Enrique Quezadas

No hay entre mis haberes conocimientos de geología. Tengo una gran admiración por la ciencia, pero no soy un científico. Hablo de la Tierra, a la que amo, como si fuera un sendero, como ya se vio, donde convergen los cuatro elementos, las cuatro estaciones o los cuatro puntos cardinales. Es una visión tan legendaria como la humanidad. Hay culturas antiguas que consideraron a la Tierra como la madre y le adjudicaron poderosos dioses al viento o al agua. Hay culturas que, incluso, han observado a Dios en el Sol, como el caso de Atón en la cultura egipcia. Sea como fuere, la Tierra es la madre de todo lo que tocamos, olemos y degustamos, de lo que oímos y miramos.

Viajamos a gran velocidad subidos en esta hermosa perla azul que, con millones de años de laberinto evolutivo, salpica vida hacia todos lados. Se encuentra vida volando en medio del viento, la hay bajo el reflejo de las aguas; hay vida bajo y sobre la Tierra. El vigor del fuego anima el centro del planeta conectándolo con nuestro Sol y sus rayos que infunden el movimiento vital orgánico. Cada día, al levantar la mirada al cielo podemos toparnos con el vivo resplandor solar y su reflejo en la luna nocturna. En lo inmediato y cercano, el Sol es como un padre y la Tierra es madre, y si la Tierra está viva, el Sol lo está también, y vibra en un encuentro con el sistema solar, un universo dentro de universos.

Para comprender que la Tierra está viva debemos primero apartarnos de las concepciones habituales de lo que concebimos como lo vivo. Somos seres antropomórficos, es decir, contamos con extremidades, tronco y cabeza, pero no es la nuestra la única forma de vida. Si no lo aclaramos caeremos en confusiones queriéndole encontrar a la Tierra ojos, oídos y hasta modos de respuesta basados en sentimientos y emociones propias de lo humano. La Tierra es un ser planetario. Jugando a imaginar, podríamos decir que tiene dedos de tornado, lágrimas de lluvia, aliento de brisa, silencio de desierto, alegría frutal, dientes de maíz, canto de cascada, corazón de volcán, sensualidad de selva, piel de bosque, arterias de río, pulseras de palomas y júbilo de delfín.

Fuimos deseados por la vida y sembrados en la Gaia, nombre de la diosa griega de la Tierra. Por eso estamos aquí, lo cual es motivo suficiente para llenarnos de dicha. Ella, que fue creada para dar vida y sostenerla, nos amamanta y nos enseña. Estamos experimentando la vida montados en este hermoso ser vivo, cuyo nombre es *Urantia*, según un enigmático libro aparecido en el año de 1955 en Estados Unidos, de autores desconocidos, cuyas magnitudes son inimaginables por la cantidad de información que proporciona, ordenada en sí misma, ya que no se trata de un texto que dé fundamentos científicos verificables. Es considerado como espiritual y filosófico por algunas tendencias de pensamiento, habiendo todo tipo de opiniones e interpretaciones. *El libro de Urantia* también es conocido como *La quinta revelación*. En sus páginas se toma como primera revelación la aparición de las seis primeras razas hace 500 mil años en este planeta. La segunda hace más de treinta mil años con la aparición de Adán y Eva en la Tierra. La tercera se refiere a Maquiventa Melquisedek, quien hace cuatro mil años difundió en Palestina las nociones del monoteísmo. La cuarta revelación la llevó a cabo Jesús de Nazaret, quien encarnó la divinidad. Y la quinta es el propio *Libro de Urantia*.

Este ser planetario —llamado Urantia o Gea, como también lo nombra la mitología griega— es una consciencia cósmica que está experimentando su propia existencia, que también vive un proceso de experiencias entre cierre y apertura de ciclos que estimulan cambios en el eje magnético, los cuales, a su vez, han provocado movimientos del agua y cambios climáticos en las diversas eras. Hoy es fácil observar que estamos viviendo uno de esos ajustes.

Somos las neuronas y células de este ser planetario, sus bacterias y virus; así son los cuerpos, albergan todo tipo de vida, somos semillas llenas de vitalidad. Como semillas, al abrirnos construimos el fruto de la experiencia. La vida es lo que hacemos con ella; está a nuestra disposición, podemos crear belleza y fealdad, dolor y gozo. Para eso está el corazón humano, para experimentarlos. Cada existencia es un universo en sí mismo, la llave para abrir cada puerta de vida tiene una combinación diferente, cada experiencia es única e irrepetible. Un buen principio de identificación con toda esta vida vibrante a nuestro alrededor lo encontramos en el ejemplo que expongo a continuación.

Vivo con una mujer que todos los días coloca pequeños recipientes con alpiste en el patio trasero de la casa. El resultado es que nuestro patio se ha convertido en un voladero de aves que baten sus sonoras alas para venir a comer a diario. Ella misma se da tiempo para atender la gran cantidad de macetas donde cuida de flores y hierbas a las que identifica con sus nombres. Más tarde, al emprender sus labores mira hacia arriba deslumbrada por el sol, entrecierra los ojos por la luz y decide si ponerse bloqueador o llevarse un paraguas acorde con el movimiento de las nubes. Es una mujer muy terrestre, la vida es así en ella y ella es así en la vida, eso resuena en su experiencia particular. Cada ejemplo de vida personal se conecta con sus maneras. Hay vidas que no tienen vínculo con esta conexión esencial, con la respiración y el constante palpitar de lo viviente, vidas con un muy bajo nivel de experiencia vital. Debo añadir que la mayoría de las mujeres son así: protegen la vida, tienen una fábrica de vida en el vientre, son madres del mundo. Es el principio femenino en acción.

Los campesinos son otro buen ejemplo de esta idea. Su andar cotidiano casi descalzos les llena los pies de una tierra que nunca es considerada como suciedad. Saben cuándo echar la semilla según los ciclos de la luna, bendicen a la lluvia, no se pierden en la montaña. Son ellos y sus labores las que nos alimentan. Benditos sean.

La Tierra como madre nos da alimento, nos llama la atención, nos manda a la escuela que es vivir, nos apaga la luz para el descanso nocturno, nos enferma cuando descuidamos la ecología interna, así nos vive y cuando nos muere, nos abraza en el hoyo de la tumba, de donde salimos como humo de espíritu ondulante hacia los rayos del padre sol, energía luminosa.

Las culturas ancestrales de los cinco continentes han mantenido un contacto sensible con la Tierra; su cosmovisión y práctica así lo demuestran. El humano contemporáneo puso la naturaleza a su servicio. Ello es evidente desde la Revolución industrial. Resulta innecesario que dé argumentos que así lo demuestren. Sólo haré notar que los seres vivos, animales, vida mineral y vegetal, son explotados las más de las veces de manera inconsciente y cruel. Este fenómeno es conocido como "antropocentrismo". En los últimos siglos, la humanidad perdió contacto y, por lo tanto, el respeto por los diversos reinos manifiestos en el planeta. El reino animal, el reino vegetal, el mineral y hay quien habla de un reino oceánico, todos son manifestaciones de vida.

Algo increíble ha ocurrido aquí, estamos en un lugar exuberante, es simplemente deslumbrante, ya nos acostumbramos, pero contiene dimensiones milagrosas. A veces, cuando estudiamos nuestro entorno nos referimos a él cómo "la naturaleza", Se la concibe entonces separada de nosotros, sin embargo, lo cierto es que somos su expresión. Se lanzan comentarios como "dominar a la naturaleza" emitidos por personajes que ostentan un cuerpo orgánico, producto de la naturaleza. Al igual se habla de "salvar a la Tierra", pero habría que rectificar esta expresión. Más bien, si no la respetamos no nos salvamos nosotros. En un momento dado se puede extinguir la humanidad, pero la Tierra seguirá existiendo. La manera más inmediata de infelicidad es vivir desnaturalizados, lejos de los sonidos del agua, del color de la buganvilia y el sabor de los diversos frutos. Lejos, además, de la textura y olor del cuerpo humano para el disfrute sensual de lo que somos.

Somos de la Tierra, nos nutrimos y servimos de ella, y también la enfermamos como a nosotros nos enferman las bacterias. Cualquier ser que se sienta enfermo tratará de limpiarse de vez en cuando, sobre todo cuando esos microorganismos están generando desequilibrios y malestar. La naturaleza nos tiene como parte de su expresión de vida, pero también nos podría destruir para limpiarse o curarse.

He hecho notar los cambios de ciclo en la naturaleza planetaria, los cuales han ocurrido a lo largo del tiempo. Esos cambios han sido estudiados por las diversas culturas, como los mayas y los hindúes. El momento de transformación planetaria está ocurriendo, nos está ocurriendo. Hay millones de intereses que no son ni quieren ser sensibles al cuidado de nuestra Tierra, es algo a lo que son ajenos, no saben ni quieren saber. Son seres que no se están transformando; manifiestan rigidez y egolatría. Hay algo fundamentalmente cierto:

no todos los seres encarnados en este momento planetario tienen las mismas características e intenciones. Eso es evidente. Hay seres que tienen poder y lo usan sólo en su propio beneficio; son mercaderes de vida, todo es mercancía para ellos. Pero, sean quienes sean, también están sujetos a las leyes universales, y estas leyes les afectan.

El cuerpo humano, nuestro vehículo, nuestro envase, es en realidad un préstamo de la Tierra, energía masculina y femenina que se desplaza por el espacio-tiempo de acuerdo con las leyes que lo rigen. Dependemos del Sol. Nuestro Sol se mueve acorde al sol de Alcíone, la estrella mayor de las Pléyades, y éstas a un sol más grande que rige esta galaxia. Vivimos y dependemos de ese orden.

Lo manifiesto como materia orgánica en los cuerpos se ve habitado o tripulado por espíritus que tienen almas que acumulan y procesan experiencias. Tú eres uno de esos espíritus, una de esas almas. El espíritu es el tripulante del cuerpo, es contemplación, es testigo del pensamiento. Se mueven dentro de nosotros dos energías, yin y yang, masculina y femenina, positiva y negativa, sin que masculino signifique bueno, ni femenino malo. Eso somos, espíritu y materia. Reconocer estos dos aspectos es el comienzo de la vida consciente. Aunque parezca increíble, hay una gran cantidad de seres que no ponen este tipo de atención en su manifestación de vida, pero están ahí porque el universo lo permite. Forman parte del juego, un juego sin límites de expresión.

Aterrizando en lo existencial, una cosa es ser y otra darte cuenta de qué eres; una cosa es morar en la Tierra como te enseñaron y otra es habitarla como tu propio invento, como una expresión acorde con tu sensibilidad. Estás en un planeta vivo, un orden manifiesto en geometría perfecta y sagrada. Tal principio ordena la biología del organismo. Aterrizar tu espiritualidad te integra, una espiritualidad de tierra, menos celestial, una manera de vivirte en el aquí y ahora. Dejas de ser un pecador que carga culpas, no vives invadido por creencias externas, dejas de asumir como cierto lo que otros dicen y empiezas a darte cuenta de que creas lo que crees. Dejas de vivir con la amenaza del infierno, sabes que la tierra ya está en el cielo. Dicho de otro modo, el cielo y el infierno están aquí, dependiendo de la experiencia que construyas. Reconocerte en la dimensión material es un paso para comprenderte y respetarte hoy. Respetarte tiene que ver con amarte. Cuando ese amor se integra, se ejerce; está destinado a derramarse en toda la tierra que te rodea. Empiezas a amar más allá de tu familia, más allá de tus amigos; empiezas a amar todo lo viviente, sin condición: amas la garza y amas la lombriz, el río cristalino y el fango. Empiezas a amar lo que es, no lo que debiera ser. Cuando ocurre, se vive una espiritualidad basada en ser congruente con el aquí y ahora, más que en información adquirida. Esa vivencia conduce a experimentar un cambio que atrae nuevos episodios de vida. Entonces vas colocando uno a uno los adobes acordes con una arquitectura interior, que vibra de manera congruente en sí misma.

Existe un experimento físico que consiste en colocar un poco de arena en una placa metálica a la que se le aplica una vibración. Al manifestarse esa vibración en la plancha metálica la arena va creando figuras ordenadas. Este experimento demuestra que todo tiene un estado vibratorio. Esa frecuencia en cuanto a los pensamientos se puede traducir en densa o sutil. Una persona densa es por lo general una persona pesada, difícil de soportar, alguien que emite constantemente juicios o críticas, carga o echa culpas, miente, calcula, especula, manipula y violenta. La densidad atrae densidad. Hay vidas que se sostienen en ese juego permanentemente y ésa es su realidad interna. La vida es un espejo que refleja nuestro interior.

Por el contrario, la vibración sutil es ligera, transparente, no crea guerras ni está interesada en vencer a nadie; se expresa en la personalidad como una conexión con ese campo vibratorio interior, más que con involucrarse con las situaciones externas. Pero aquí es importante aclarar que alguien que se vive manifestando una energía sutil y generando paz no es alguien que se deja maltratar. Eso de poner la otra mejilla es cosa de otro tiempo y circunstancia.

Toda materia es vibrante; quien quiera ahondar más en el principio de vibración diríjase al estudio del *Kybalión*. Este libro —atribuido a Hermes Trismegisto— define siete leyes o principios que rigen al Cosmos. Uno de los siete principios es la ley de vibración (nada está inmóvil, todo se mueve, todo vibra). Los otros seis son: el mentalismo (todo es mente, el universo es mental), la ley de correspondencia (como es arriba es abajo, como es afuera es adentro), el principio de polaridad (todo es dual y tiene su opuesto), la ley de ritmo (la oscilación del péndulo se manifiesta en todo, la oscilación compensa), la ley de generación (todo lo existente posee el principio masculino y femenino) y la ley de causa y efecto (todo efecto observado tiene una causa).

Hoy día hay grupos de práctica y estudio de conexión con la Tierra. Muchos de ellos merecen mi admiración y respeto. Algunos están auxiliados por indígenas de toda América, que nunca han perdido esa conexión, como no la han perdido las muchas culturas ancestrales de otras naciones, ya sea en África, Oceanía, Asia y Europa. Las aprecio porque las culturas que se despliegan hoy en las ciudades han perdido este vínculo. Allí se vive en medio de cemento y acero. Además se vive de prisa, se violenta el espíritu del agua entubándola, se sabe del Sol sólo porque es de día. Aquellas culturas antiguas de nuestro suelo se relacionaron siempre de primera mano con lo viviente, en los diversos reinos de manifestación de vida. Hay algo aún vivo de esa relación de la población con la naturaleza. Actualmente en México la actividad del volcán Popocatépetl ha dado señales de peligro para la gente que vive en esas alturas. Desde hace mucho tiempo, los pobladores que residen cerca del volcán lo han llamado "don Goyo" con una familiaridad que refleja su interacción con la vida del coloso, una naturalidad compartida: el fuego volcánico se relaciona con el magma interno de la Tierra, fuego que se relaciona con el Sol y los ritmos estelares.

Pero en nuestras ciudades vivimos un momento en que la desnaturalización es evidente. La desconexión de la sociedad actual es tal que un alto porcentaje del alimento está procesado y envasado, comemos el fruto sin agradecer al árbol. Las farmacias son auténticos supermercados y nuestro tiempo transcurre confinados en el tráfico, anclados a una desconexión con lo que nos rodea: selvas, mares y montañas.

Las diferentes edades planetarias implican su transformación. El momento de agudos cambios planetarios es evidente y de ese proceso no nos escapamos. Nosotros también somos la Tierra. Te des cuenta o no, tú también te estás transformando. Hay miles de personas impulsando el cambio de consciencia y millones se están integrando y despertando. La actual naturaleza humana, llamada la "quinta raza-raíz", según altos estudios teosóficos, vive un proceso de fases de madurez, etapas evolutivas acordes con el momento planetario. Hoy, millones de seres comienzan a relacionar su funcionamiento interno con el reloj terrestre y del Cosmos. La atención a lo interno promueve un conocimiento autorreferencial, que promueve el desarrollo de una brújula interior.

El desarrollo personal, entonces, implica un despertar, es un proceso individual: puedes compartir tu proceso, pero no puedes interferir en el de los demás. Cada ejemplar viviente se desarrolla según sus propios parámetros de crecimiento o evolución. En este sentido, hay quien insiste en cambiar a los demás, pero nadie puede hacerle la tarea al otro.

Esto que está ocurriendo con la Tierra también sucede en la dimensión individual. El cambio de ciclo se traduce en crecimiento, lo viejo cae como capullo. La atención al proceso personal se convierte en un trayecto presente, más allá de lo planeado. Lo planeado fue una meta, digamos hacia la felicidad, se luchó por una felicidad futura, pero el trayecto consciente del presente enseña que la felicidad está en el camino, ese sendero se pisa hoy. Si no eres feliz hoy, difícilmente lo serás mañana; es de sabios disfrutar el trayecto. Los parámetros de ese crecimiento son autorreferenciales, en relación con la persona misma.

Para ilustrar lo anterior cito a continuación un fragmento de *Santa*, mi segunda novela, publicada en 2012:

> La imagen del árbol que alza los brazos al cielo da la idea concreta de lo que es el crecimiento, se alza sin que se note lo que ocurre abajo, pero el árbol se hunde en la tierra y la abraza con sus brazos de raíz, así se hace profundo. Sólo con raíz el árbol se eleva, la raíz es tiempo, presión y tiempo. Si las raíces llegan a ser largas y fuertes son el amarre de la naturaleza del árbol, ninguna cosa crece ajena a su naturaleza, la que le es propia, el reflejo de su existencia. No hay fruto sin raíz, no se puede dar la altura de las ramas ni el color y sabor de las flores sin tomar en cuenta el contacto con lo que no se ve porque está oculto en las profundidades de la tierra, lo que ostenta frutos sin tener raíz está mintiendo, por eso lo que crece sin raíz está desnaturalizado, es un vicio, un sueño, un deseo, está destinado a desaparecer. Sólo con raíz se alzan los brazos al cielo, sólo desde abajo se ve hacia arriba, sólo se crece estando abajo. La raíz es tiempo, es camino andado, es intención.

Este texto nos muestra los parámetros de crecimiento. Se requiere constancia asistiendo al ahora como un presente continuo. La vida siempre es hoy, siempre es este momento, este momento siembra futuro y se transcurre con las herramientas de lo andado, son sus raíces.

El proceso de cambio planetario influye en todos los organismos vivos, pero algunos ejemplares humanos no tienen en su proceso suficientes cimientos, es decir, raíces profundas; aun así, el movimiento planetario no se detiene. En la teoría de la masa crítica se asume la posibilidad de aprender por medio de un contagio social. Veamos esto último en el siguiente apartado.

La masa crítica

En 1950 científicos japoneses realizaron una serie de experimentos en la isla de Koshima con grupo de macacos, habitantes del lugar, con la finalidad de comprender el comportamiento de los monos en sociedad. El estudio analizaba sus procesos de aprendizaje, tanto individual como colectivo. Los científicos descubrieron que los monos rechazaban consumir las batatas que les ofrecieron, pues los tubérculos estaban cubiertos de tierra. Llegó el momento en que una hembra mojó la batata en agua de mar, el agua limpió la tierra que la cubría y, con curiosidad, se la llevó a la boca y descubrió que su sabor era agradable. Poco después les enseñó a sus crías a limpiar también las batatas dulces para comerlas. No pasó mucho tiempo para que los miembros de la comunidad asumieran la enseñanza, sobre todo los más jóvenes. Según el estudio, los monos adultos no lo aprendieron. El estudio determinó que cuando el número de macacos que aprendió la lección superó los cien la información se diseminó en toda la comunidad.

En 1975 se publicaron los resultados de la investigación, provocando curiosidad entre los escépticos. Esto debido a que se descubrió que los monos de las islas vecinas habían aprendido también a lavar su alimento. Era como si de alguna forma desconocida se transmitieran la información. Para dar respuesta a esta interrogante se han formulado todo tipo de interpretaciones. Según los escépticos, algunos monos podrían haber emigrado a las islas vecinas llevando el conocimiento. Lo que no explican es la manera en que lo lograron.

Más allá de conjeturas, me interesa resaltar el ámbito social de los monos, que comparten un gran porcentaje de coincidencias con el ADN humano. El aprendizaje viaja a una velocidad acelerada entre nosotros. Nos estamos transformando como comunidad planetaria. La información se contagia llena de novedad, y no sólo el aprendizaje funcional, sino que todo tipo de cambio está ocurriendo en el comportamiento colectivo. Puede ser difícil verlo, porque una vida es breve ante las zancadas que da el tiempo. Ocurre que la atención está puesta en los bombardeos de información y anuncios publicitarios que la dirigen hacia otro lado, pero la transmisión de conocimientos está siendo asumida por los ejemplares humanos atentos a un despertar consciente.

Salirse de la normalidad implica sostener un estado no ordinario de consciencia. Sin embargo, la necesidad de satisfacción inmediata promovida por los medios dominantes ha orillado a las personas a vivir sin descubrirse, sin conectarse. El sistema ha adormecido a la tribu. Pero el sistema también somos nosotros, nosotros lo sostenemos.

Por otro lado, el deseo consciente de acercarse a la tierra ha despertado todo tipo de prácticas poco convencionales. Por ejemplo, recientemente han surgido promotores del consumo del veneno del sapo bufo, hongos alucinógenos, ayahuasca, peyote y muchas otras plantas de poder. Muchos de estos promotores se presentan como chamanes, aludiendo a su amplio recorrido en la materia y se presentan como guías o acompañantes en estas experiencias. Algunos de los buscadores van de un intento de esta naturaleza a otro, sin considerar los peligros latentes. Debo advertir que este tipo de experiencias es personal y cuando estás inmerso en ellas no hay chamán que te pueda sacar o salvar si estás teniendo un mal viaje. Estas vivencias se están convirtiendo en tendencia en la búsqueda de un encuentro con la propia esencia, asociadas a un despertar espiritual. Pero creo que ofrecerlo como producto a la venta conlleva una responsabilidad, tanto de los promotores como de los consumidores. Por ello recomiendo prudencia.

Un despertar consciente se relaciona con el recorrido de un camino, una mirada interior y con una disciplina. Tiene que ver con
conocerse para detectar los propios vicios conductuales, los que
han generado desdichas. Se relaciona con vencerse a sí mismo, con
romperse y volverse a construir; está vinculado con la práctica del
silencio interno para apreciar la existencia más allá del ruido del ego.

Por supuesto que existen chamanes verdaderos. La mayoría está
en las selvas y ríos y ha tenido siempre un contacto real e intenso
con la Tierra, ya que forma parte de su vida y cultura. Tuve la suerte
de conocer a dos, una pareja que nos ofreció ayahuasca. Tenían unos
sesenta años, eran humildes y hermosos. Venían del Amazonas colombiano, vestían con una autenticidad selvática y sus cantos eran
la Tierra misma expresándose. Los humos de tabaco, aromas de in-
cienso y resinas que usaron ayudaban a establecer una inmediata
comunicación emocional y corporal que me inundó de confianza.
La ceremonia ritual estuvo cargada de un misticismo donde todo
era naturaleza y bondad.

Muchos años atrás tuve también un encuentro con otra planta:
el peyote. La experiencia fue muy fuerte e interesante. Me sumergí
en una revisión acelerada de mis modos de actuar en la vida, me fue
bien. Pero tuve cerca a una persona a la que no le fue nada bien. Ella
había tenido muchos episodios de vida errados, otros inconclusos y
mucha confusión; acabó encerrándose en una habitación de la que
no salió hasta el día siguiente. A mí me llevó un par de semanas integrar lo que había vivido. La experiencia fue una revisión total de
mi proceso existencial, recorrí mi vida en minutos. Es importante
decir que la experiencia es diferente para cada individuo y la decisión conlleva una responsabilidad personal. Las plantas de poder
tenían amplio sentido de autoconocimiento en las culturas ancestrales, no son drogas de diversión. En lo personal he tenido otros
despertares internos, experiencias de encuentro con la vida y con
la Tierra madre sin necesidad de tomar sustancia alguna. Respeto

mucho a los que las ingieren; a quienes no respeto es a los que se mienten a sí mismos sustituyendo el trabajo interno con la ingesta constante de plantas de poder llamándole a eso espiritualidad.

Lo fundamental de la Tierra como dadora de vida son sus semillas, las hay de todas las formas posibles. Tú eres también una semilla que poco a poco se abre para florecer y dar su fruto. Estás preñada o preñado de ti. La velocidad de los mensajes de despertar humano te está tocando, florecer es tu destino, tu siguiente paso. La vida de los mares en algún momento se salió a volar a los vientos, hoy vuela en tu corazón; los árboles y ríos danzan vitalidad en hermosos paisajes, hoy parte del paisaje eres tú. Eres el escenario y actor de la transformación, canta lo vivo en la sangre en tus venas, toda ella danza y canta alrededor tuyo. Tu misión, si tienes una, es convertirte en ese canto y esa danza para abrirte como la semilla que eres. Tócate el corazón, cierra los ojos y respira sin interpretar, luego siente latir tu vitalidad. Sal a la intemperie y acércate a un árbol, tócalo y observa cómo no es igual a ningún otro, algunos de ellos ostentan salientes de las raíces que se internan en la tierra; distingue los detalles. Cuando llueva levanta la mirada e imagina todo lo que se necesita para que el agua caiga del cielo. Estamos rodeados de un sistema milagroso, no mates animalitos, no los pises ni tortures, son pequeños organismos, manifestación de vida. Tener un animalito en casa conlleva una responsabilidad afectiva, son seres sintientes. Esa responsabilidad implica sacarlos a diario al sol, a caminar y correr, a alimentarlos y darles un trato digno. Hoy día hay movimientos para detener el sufrimiento animal como diversión, como las peleas de gallos y las corridas de toros.

Ve con frecuencia al mercado, me refiero al mercado popular, al mercado que está lleno de vendedores que gritan, y presta atención a los puestos donde se exhiben las diversas legumbres y frutas coloridas. Contempla los tamaños, formas, imagina los sabores. Cambia de puesto y mira cómo hay una gran variedad de colores con diversas características y, además, con un potencial de nutrición distinto en todos esos productos de la naturaleza. Acércate más y distingue que muchos frutos despiden un aroma, muerde una manzana y siente cómo el sabor y su energía nutritiva te invaden el paladar.

Levanta la mirada y observa los volcanes que rozan a las nubes. Cuando vayas al mar o estés cerca de algún río imagina la cantidad de movimiento vivo que se manifiesta bajo las aguas. Recupera la capacidad de asombro al ver lo pequeños que somos ante este enorme movimiento vital. Observarás cómo todas las formas de vida surgen, se manifiestan y se desvanecen en una hermosa danza, la danza de la vida.

Los derechos de la Tierra

Que la entrada de la Nueva Era haga florecer la luz a través de un mensaje de unidad, para que la humanidad rehaga su camino hacia lo sagrado, recupere el silencio interno y adopte una forma de interrelación constructiva. Son expectativas del II Encuentro Internacional de Sabiduría Ancestral "Fuego Nuevo" que se celebra desde hoy y hasta el 22 de diciembre del 2012 en la zona arqueológica de Cantona.

Lo anterior fue declarado por el historiador don Antonio Velasco Piña durante el encendido del Fuego Nuevo, ceremonia que se realizó dentro del encuentro, donde durante cuatro días hubo conferencias, conciertos, ponencias, talleres, ceremonias de medicina tradicional, intercambios culturales y mesas de trabajo.

Como resultado y seguimiento de estas actividades, en 2013 durante el congreso local de la Ciudad de México, el diputado César Daniel González Madruga promovió una iniciativa para crear una ley cuyo objetivo fuera proteger los derechos de la naturaleza. El proceso fue apoyado por legisladores que en su gestión habían mostrado ser conscientes de la necesidad de promulgarla. No obstante, también hubo opositores. "Sólo se defienden los derechos de los seres vivos, compañero", le respondió uno de los representantes desde su curul, a lo que González Madruga respondió: "Entonces asumamos que la Tierra es un ser vivo".

En este esfuerzo hubo una serie de debates entre los diversos representantes de la Cámara, como es común que ocurra en este tipo de recintos. La sesión dio como resultado la creación de lo que hoy es la "Ley Ambiental de Protección a la Tierra en la Ciudad de México". Falta aún llevar esta iniciativa a nivel nacional. Al concluir el periodo legislativo, con sus respectivos relevos, fue necesario nutrir dicha ley con artículos que protejan a la Tierra de la depredación humana. César Daniel González, ahora exdiputado, ha continuado sus gestiones mediante la movilización de una organización que él mismo lidera desde su formación. Dicha agrupación lleva el nombre de *Renacimiento Mexicano* y en sus filas se encuentran científicos, artistas, maestros, ecologistas, entre otros. Todos ellos pugnan por una visión renovada de la Tierra con una civilización consciente. El Renacimiento Mexicano, movimiento al que pertenezco desde su formación, ha organizado los llamados Encuentros de Sabiduría Ancestral, dirigidos a asumir la vida en el planeta desde una perspectiva biocentrista, con fundamentos éticos que devuelvan la dignidad a todo lo viviente ante los excesos del antropocentrismo lacerante de la actual civilización humana. Renacimiento Mexicano no es un partido político, sino que funciona bajo principios como: "No somos de derecha ni de izquierda, somos de la Tierra". Las posiciones políticas, que las hay, se manifiestan a título personal. Hay una página en internet que reporta los avances y tareas que se asumen: <renacimientomexicano.org>. Cabe destacar que son pocos aún los países que ya han empezado a legislar acerca de los derechos de la naturaleza, entre ellos Bolivia, Ecuador y Nueva Zelanda.

El Proyecto Venus

Jack Fresco fue un diseñador e inventor de ciudades futuristas. Nació en Estados Unidos y vivió ciento un años. Fue el creador de lo que hoy se conoce como Proyecto Venus. Concibió ciudades sostenibles, que incluían ricas propuestas sobre eficiencia energética y alimentaria, planeadas para beneficiar a millones de personas sin dañar a la naturaleza. Su interesante proyecto contempló una economía basada en recursos, donde el intercambio de los mismos sustituiría las operaciones comerciales tal como las conocemos. La idea era no recurrir al dinero. Concretamente, estas ciudades inteligentes producirían bienes y servicios basados en las condiciones geológicas de la zona donde estarían situadas; todo esto gracias a una avanzada tecnología. El intercambio de esos materiales haría posible la vida de las ciudades, que podrían adquirir los recursos que su zona no producía debido a las condiciones geográficas de su suelo. En el diseño de estas ciudades inteligentes Jack Fresco incluyó una robótica avanzada para llevar a cabo las aburridas tareas mecánicas que hasta nuestros días realiza el humano y también una planeación de acceso gratuito a la salud y a la educación. Por supuesto que la transición a este modelo económico y a estas ciudades sería gradual. Para que un proyecto así avance, los valores humanos deben transformarse, pues sólo una humanidad con una espiritualidad elevada y no sectaria puede llevarlo a cabo. La desaparición de la política y el control monetario como lo conocemos nos llevaría a dar los primeros pasos para una realidad más avanzada y centrada en la convivencia humana.

❧ Máximas ❧

❧ Primero la biología y después la ideología. El biocentrismo se pone al servicio de la vida y no al servicio de las ideas, dejando atrás el antropocentrismo donde el hombre ha puesto toda la naturaleza a su servicio.

❧ Vivimos en un planeta vivo, esa vida se oye y se mira a nuestro alrededor. La naturaleza vive dentro de nosotros: los mares circulan en tu sangre, el viento vive en tu respiración y alimenta los pulmones. Hay fuego en los procesos digestivos y tierra en la materia corporal. Cuidarla es cuidarnos.

❧ Pareciera que promuevo una humanidad mansa, pero ante lo que vivimos como civilización no hay nada más revolucionario que la consciencia de la paz y del amor para frenar la depredación. La paz interior y el amor son peldaños hacia la consciencia ante esta ingeniería social que ha producido un fenómeno de rebaño humano. Son sólo las personas conscientes quienes no serán sujetas de manipulación.

Tú eres el amor de tu vida

Amarse no es lo mismo que serególatra; amarse tiene más que ver con percibirse y a partir de ahí expresarse de manera digna. Quien se ama se acepta y se cuida, porque hay quien vive siempre deseando ser otro. Si algo no te gusta de ti y puedes cambiarlo, cámbialo; y si no puedes, acéptalo. Esta situación aplica mucho en la apariencia física, pero hay una realidad interior, es decir, una manera de estar consigo mismo que, a veces, es conflictiva o problemática. Para ilustrar este último punto habría que decir que quien mantiene miedos, odios y rencores se hace daño. Un enojo que pervive agrede primero al hígado del odiador. No estoy dictando un deber ser, sería lo mismo que un mandamiento. Se trata, más bien, de una invitación a saber quién es el que habita nuestros pasos, el odio es una carga. Si amarse es respetarse, entonces amarse es atreverse a ser. El miedo al rechazo o al ridículo pueden ser sentimientos a considerar, pero hay que saber que al final no podemos ocultarnos. A veces, el personaje que cargamos no es quien somos, sino el que pretendemos ser.

Al final, el asunto no es tan complicado; acéptate, no te queda de otra; taparte no te oculta, déjate ser y fluye confiando en tu proceso.

En la historia de la sensibilidad humana, el amor ha ocupado el más grande de los espacios y el más difundido ha sido otorgado al enamoramiento, es decir, a la pareja, y al amor filial que se ocupa de la familia. Por supuesto que también hay que darle su lugar a la amistad como forma de amor. Pero estas importantes maneras de amar están limitadas a lo cercano, a lo conocido; tienen mucho que ver con una idea y el amor en su concepción primordial no es una idea, sino una energía. Más adelante en este capítulo expondré esta concepción energética. Por el momento abordaré algunos modos de amar, específicamente los más cotidianos para la experiencia humana.

Comencé mencionando que amarse no es lo mismo que ser ególatra, pero a veces quien se valora y se cuida es señalado como egoísta. El ególatra es alguien que se centra —y excede— en su propia importancia, de tal manera que rige los destinos de los que le rodean; y manifiesta un interés en sí mismo a veces patológico. Dicho en pocas palabras, el egoísta no ve por los demás. Esta consideración estará presente en este libro, ya que la autopercepción nos conduce a una autorregulación responsable.

Un buen inicio para trabajar en la propia estima es valorarse como organismo viviente. Mi maestro me enseñó a agradecer a cada uno de los componentes de mi cuerpo físico por su labor en mi funcionamiento vital. Ante el espejo agradecí a mis ojos por permitirme apreciar la belleza que me rodea, agradecí a mis oídos por el privilegio de escuchar el mundo, agradecí a mis órganos, a mis pies y a mi corazón latiente. Amarse, decía líneas atrás, es aceptarse. Lo expongo así porque hay una constante acechanza de parámetros de "normalidad" en cuanto a la belleza física; de ahí que es común que la persona no se acepte en lo corporal. Por supuesto que si quieres cuidar tu peso es saludable hacerlo, como saludable es respetarlo ante los excesos, pero sé parte de la aceptación. Esta labor tiene que ver con el reconocimiento de nuestra genética: aceptar de dónde venimos y admitir que somos corporalmente como nuestros padres y hermanos. Aceptarse no es conformarse, es un reconocimiento de la huella familiar.

Comprender la autoestima incluye liberar el alma de rencores porque el odio es un cheque al portador, una energía tóxica para quien la carga, un veneno para el organismo. Hoy en día se promueve en muchas instancias el perdón, lo cual está muy bien, porque hay que librarse de esa carga. Pero a veces ocurre que la gente no puede perdonar porque no sólo es un ejercicio de voluntad, sino también una acción que consiste en vaciar una carga emocional, y las emociones viven en el inconsciente, no son fáciles de controlar ni erradicar. Asumir el perdón como decisión consciente es un asunto que alude al raciocinio, pero tiene un fundamento visceral: el sustento vive en las entrañas, por lo que a veces se requiere de la ayuda de un profesional para soltar, para dejar ir el evento traumático.

El perdón como ejercicio energético puede darse por pasos. Uno de estos pasos para alcanzar la liberación energética consiste en aceptar que la situación ocurrió, desengancharse, empezar por admitir lo vivido, aunque no nos guste. Eso ayuda a soltar. La confrontación y el repaso mental obsesivo lo sostiene como lucha interna, lo alimenta, le da vida. "Lo que resistes persiste, lo que aceptas te transforma", decía Carl Jung.

A veces, dejar de cargar el dolor implica *romperse*. Así como suena. Romperse es dejar de sostener una creencia o idea que nos ha hecho actuar de cierto modo por años. Romperse no es fácil, es como dejar tirada una parte de nosotros en el camino, pero implica reconocer que es un peso, una carga. "Yo perdono, pero no olvido", se dice en nuestra sociedad y está bien, se puede aplicar, pues no se trata de ignorar la experiencia vivida. Además, no se puede. De lo que se trata es de dejar de cargarla. Perdonar es limpiar el organismo, desintoxicarlo, y puede ser difícil; pero reconocer que ocurrió y que ya se fue, disminuye la lucha interna. Luego iremos viendo qué pasa y cómo vamos; finalmente, son pasos y los pasos recorren un camino.

Quererse es caerse bien, llevarse bien con ese que habla con tu voz y oye con tu oído. Quererse se origina en reconocerte hecho de tierra, como todo. El todo existente se manifiesta en ti, en ella y en aquel. Si no existieras como eres, faltaría alguien, y ese alguien tendría que tomar tu lugar con las mismas características; ese alguien volverías a ser tú.

Así es valorarse, pero ciertamente hay que hacerlo con cuidado porque caer en el autoelogio es una conducta viciada, un autoengaño. "Elogio en boca propia es vituperio", decimos en México y probablemente en muchos de los países de habla hispana. En ocasiones, si nos queremos, tendremos que separarnos de quien nos causa dolor, pues llega a ocurrir que estamos cerca de algún personaje narcisista.

El narcisismo

Quien se vive con soberbia, haciendo víctima al entorno de su autoadmiración, puede provocar dolor y confusión a quienes lo rodean. El narcisista no soporta ver a nadie que lo rebase; de inmediato se pone en alerta y lo minimiza o descalifica. El narcisismo es uno de los trastornos de la personalidad, una psicopatología. Las fantasías de grandeza son permanentes, de manera que a menudo sus demás relaciones son incompetentes. El narcisista no muestra fácilmente sus heridas a los demás o a un terapeuta; su altivez no se lo permite. Está seguro de su superioridad. No se diluye en una fiesta o reunión, si no resalta se aburre o bien se indigna.

He atendido en mi consultorio a personas víctimas de personalidades narcisistas en sus relaciones con la familia, las amistades o en la pareja. Cuando una persona se enamora de un narcisista sufre mucho, como si debiera cumplirle al amado sus deseos de grandiosidad y a eso llamarle amor. El narcisista no se ama a sí mismo; el narcisista no ama a nadie.

Tú eres el amor de tu vida. Tal es el reconocimiento de que la vida corre por tus venas, por tus ideas y propósitos, por tu risa y tu llanto. Cuando eres el amor de tu vida no permites el maltrato y, si de algún modo lo sufres, actúas para detenerlo. He atendido a personas enamoradas de su maltratador, pero también he atendido personas que logran separarse de su verdugo aun estando enamoradas; cuando lo consiguen dan muestras de un gran autorrespeto; es vencerse a sí misma o mismo, es salir de confusiones, porque el enamoramiento puede tener dos caras: la nutricia y la tóxica. Darse cuenta con valor para detener un maltrato "amoroso" es tratarse a sí mismo con respeto. Ese paso siempre es señal de renacimiento. Cuando se evade la situación, se sufrirá la misma experiencia en el momento o en relaciones posteriores. En esos casos el sufrimiento actúa como maestro. Muchas cosas en la vida son así, hay que enfrentarse a nuestros modos de responder para trascenderlos. Así es esto de crecer. Muchas veces, la respuesta inmediata está en señalar a los demás, encontrar culpables, pero los pasos del camino son nuestra responsabilidad y siempre son dados por la propia voluntad.

Mencionaba al principio de este capítulo que la gente se quiere amar, pero no se acepta. En lo referente a la propia imagen mucha gente se reprueba. Al estar frente al espejo se critica, se duele de sí. Esto puede ocurrirnos a todos y merece un espacio de reflexión. Las metas impuestas por los parámetros públicos de belleza no ayudan. Queremos vernos mejor y ser atractivos, y eso está bien; por eso nos peinamos y nos ponemos perfume; por eso damos vueltas ante el espejo cuando nos probamos algún pantalón o blusa. Queremos vernos bien porque nos queremos y si cantamos queremos cantar bien, porque nos queremos y si invitamos a nuestros amigos a comer nos lucimos porque los queremos. No vamos tan mal, hay que saberlo. Pero es fundamental aceptarse y, en algunos casos, perdonarse, para poco a poco empezar a abrazarse con nuestros propios brazos. Eso ayuda a muchas personas a no caer en manos de un hombre o una mujer narcisista.

¿Quién tiene dentro el amor? Sólo da amor quien lo experimenta en carne propia, lo tiene dentro y lo proyecta, y ha frenado el ruido infernal de la autocrítica y la culpa. Recordemos que nadie puede dar lo que no tiene. Cuando una persona se valora dan ganas de quererla, es un acto reflejo. Quien no se valora debe saber que nadie se enamora de alguien que no sabe valorarse. Hay amantes que eligen presentarse con debilidad ante el otro como muestra de rendición amorosa, sin detenerse a pensar que el amor como esclavitud es una contradicción. Ese tipo de actitudes sólo atraen infelicidad, ya que las personas viven agradando y complaciendo a los demás, siempre quedando bien afuera y mal dentro. Uno de mis pacientes le llama a eso "quedabienismo". Dicho neologismo me pareció acertado. Buscando en diversas fuentes, me di cuenta de que a veces se usa el término en la jerga común.

La sociedad promueve propósitos basados en apetitos materiales. Es decir, la masa pone el valor en el *tener* y trabaja poco en el *ser*. Se habla mucho de amor y, en consecuencia, se actúa "amorosamente", pero el amor no es una actitud, es *energía viva*. Saber esto para aplicarlo, saberlo para practicarlo y, de hecho intentarlo, es ya un indicio de empezar a amarse.

Aprender a decir "no" es un paso importante en el camino del aprecio por uno mismo. Queremos a la familia, a los amigos y amamos a nuestra pareja, pero cuando esa relación amorosa se vicia quizá se deba a que no nos sabemos diferenciar del otro, bajo el pretexto del amor. A la larga esta situación puede causar sufrimiento. Una relación se estropea cuando confundimos nuestra vida con la de los amados, queremos que piensen igual, que actúen igual, como si eso nos uniera más, pero es una fuerte confusión, un espejismo. Todos somos diferentes y se puede amar al otro en su diferencia, empezando por respetarlo.

Diferenciarte puede ser un ejercicio intelectual y luego verbal; pero hay otros recursos, como separarte de las personas que no te respetan, aun siendo tus buenos amigos o miembros de tu familia. Saber que somos únicos e irrepetibles es un ejercicio de autorreconocimiento, es la reafirmación de sí mismo, es vivir acompañado de ti. Si estás en una relación violenta y no te sientes respetada o respetado, está en ti hacer algo. Recuerda: si no detienes una situación violenta, ésta continuará.

El amor en la pareja

El amor se proyecta, es una luz; el proyector debe contenerlo para emitirlo. Quien ama contiene el amor por dentro, lo experimenta. Quien lo vive ve al mundo con esos ojos. Con respecto al amor en pareja, la idea más generalizada en nuestro entorno habla de otra cosa; por ejemplo, en la letra de algunas canciones populares se confunde la idea del amor cuando se escuchan frases de franca codependencia como "Te amo más que a mí mismo", o mensajes en los que se dice "Te amé, pero ahora te desprecio". Son canciones tristes y a veces violentas. En pocas palabras, no son canciones de amor, son canciones de dolor.

En lo cotidiano se puede vivir la atracción física como amor, pero ésta tiene más que ver con una pulsión sexual destinada a la reproducción de nuestra especie. La atracción es instintiva, no es una decisión consciente. Una forma de amor es el enamoramiento; sin embargo, las personas nos enamoramos a veces de una imagen, de un rostro y un cuerpo. Tal vez algo inconsciente por dentro nos dice: "es aquí donde quiero reproducirme". Esa fuerza toma el mando, nos invade y nos mueve, nos llena la imaginación. Nos podemos enamorar sin freno de la belleza física, quizá porque los rasgos del rostro son a veces poéticos. Las asociaciones que establece el inconsciente con esa expresión laten fuerte por dentro, el enamoramiento nace y vive en nuestro inconsciente, no es una decisión racional.

Las más de las veces la gente decide casarse en función de esta experiencia. Ocurre entonces que uno se casa con un desconocido, ya que el rostro y el cuerpo son una presentación, una envoltura, un envase. Se conocerá a la persona que está detrás de esa expresión en los siguientes años, que pueden significar una experiencia maravillosa, cierto, pero puede ser también algo terrible. El siguiente soneto de sor Juana Inés de la Cruz ilustra de manera magistral los conflictos y contradicciones internas que viven los enamorados. Es conocido como "Al que ingrato me deja busco amante".

> Al que ingrato me deja, busco amante;
> al que amante me sigue, dejo ingrata;
> constante adoro a quien mi amor maltrata;
> maltrato a quien mi amor busca constante.
>
> Al que trato de amor, hallo diamante,
> y soy diamante al que de amor me trata;
> triunfante quiero ver al que me mata,
> y mato a quien me quiere ver triunfante.
>
> Si a éste pago, padece mi deseo;
> si ruego a aquél, mi pundonor enojo:
> de entrambos modos infeliz me veo.
>
> Pero yo, por mejor partido, escojo
> de quien no quiero, ser violento empleo,
> que, de quien no me quiere, vil despojo.

La cultura en que vivimos nos proyecta ese amor en películas, telenovelas y canciones dolorosas. Se trata de productos muy rentables para quienes los producen, y no con la elegancia de la pluma de sor Juana. Pocas veces encontramos la noción de que si la relación amorosa se trabaja en lo cotidiano con responsabilidad, tiene más probabilidades de ser exitosa, aunque es verdad que nunca hay garantía.

Hacer una profunda y real consciencia sobre la complejidad de las relaciones podría ser una disertación determinante desde la adolescencia. De esta forma se evitarían muchos dolores traumáticos, pero para enseñarla a los más jóvenes primero la deben comprender los mayores.

"Qué más da, era un pueblo perdido, las muchachas habían aprendido que era más importante casarse, que el mismo marido", dice un fragmento de una canción que compuse hace años y que titulé "El cine del pueblo". Me he servido de estos versos para exponer cómo, a veces, el matrimonio se asume como un aprendizaje social, como un ritual sostenido por la fuerza de la costumbre. Y no, no estoy en contra de la familia, tengo una, donde hemos logrado enfrentar y derribar algunos mitos y costumbres disfuncionales. Los esposos llevan a cuestas información de la familia de la que provienen. Traen consigo costumbres, visiones, deberes; algunos útiles, otros no. Puede ser difícil para una pareja distinguir lo que le es útil en la nueva relación; es una negociación, un proceso, pero hay ocasiones en que alguna de las partes no está dispuesta a renunciar a esa lealtad familiar, y ese problema puede ser el principio del fin.

En el matrimonio sano será deseable una comunicación viva en tres aspectos fundamentales: la expresión de los pensamientos e ideas, la comunicación de los sentimientos y necesidades que vive cada contrayente y el contacto corporal. La pareja despierta se comunica y se toca. Las caricias son la expresión del amor corporal, es el amor llevado al nivel del organismo; la piel es un órgano que siente mediante el tacto, los abrazos son transmitidos al corazón y el sistema nervioso. Estamos hablando del cariño en niveles biológicos. Más allá del matrimonio, los amigos se abrazan festejando cercanía, como comprobando la alegría de verse al tocarse; aunque no soy muy partícipe de esos abrazos donde los hombres se golpetean la espalda a veces de manera estruendosa. En lo personal, abrazo a mis amigos y amigas estrechándolos hacia mí unos segundos, siendo consciente de esa cercanía, siempre atento a distinguir si mi abrazo no causa molestia.

En términos generales, nuestra generación no recibió una educación sexual adecuada en la adolescencia. Esto debido al sinnúmero de prejuicios sociales y familiares que hay en cuanto al derecho al gozo. A veces, a los padres les cuesta hablar con claridad a causa de una moralidad basada en aprendizajes añejos. Considero que en la actualidad hay que aprender a hablar con los hijos con apertura y discutir todos los métodos anticonceptivos disponibles, pues están en la edad en que las hormonas toman posesión del cuerpo. De lo contrario, por una mala comunicación, los adolescentes podrían enfrentarse a un embarazo no deseado y abortar. En tales casos, los últimos en enterarse son precisamente sus padres, con los riesgos y traumas que implica. Entre otros asuntos, esto es motivo de secreto. Los secretos familiares generan relaciones viciadas, donde el silencio suele ser el método usual de comunicación.

Los padres aprenden a serlo en el trayecto y, a veces, la pareja vive una posición encontrada con respecto a las creencias religiosas. Puede haber un forcejeo incluso en la manera de educar o instruir a los hijos. A veces, si uno es liberal y el otro conservador, la situación puede generar conflicto. En éste y otros temas los padres deben trabajar para conformar una autoridad, donde exista un común acuerdo.

Será útil asumir que los hijos no son una repetición nuestra ni una resonancia de sus progenitores, sino que vienen al mundo a ser una expresión propia y, por tanto, diversa.

Uno de los aspectos que siempre trabajo con mis consultantes es fomentar relaciones responsables. Hablo de relaciones frontales que, si se llevan con valor e inteligencia, pueden evitar que vivamos la realidad de la víctima, ya sea víctima del otro o la otra. La relación responsable consiste en saber que me pasa lo que permito que me ocurra. Estamos siempre conociéndonos. Aprender a comunicarse es fundamental. En estos casos, la terapia de pareja es muy útil para resolver los conflictos. Un terapeuta hábil sabe hacer notar los modos habituales de cada cual, para enfrentar una situación. Hay modos de expresión que sólo bloquean la comunicación y la hacen defectuosa. Buen ejemplo de ello son posturas tales como: "Yo siempre, tú nunca; ya te he dicho y no haces caso; me tienes harto, otra vez lo mismo". Hay que darnos cuenta de cómo decimos las cosas, ya que son expresiones cerradas que no promueven una comunicación verdadera.

Hay modos de comunicación efectiva que se pueden aprender y es útil practicarlos. A veces la honestidad cruda sólo sirve para herir, para trabar una situación en nombre de la honestidad. Existe en el argot de psicólogos y psicoterapeutas un término: *sincericidio*. Decir la verdad de manera brutal no promueve una comunicación verdadera. La crudeza no necesariamente transmite un contenido de manera clara y funcional. Una sinceridad lastimosa puede destruir una relación. Cuídate de los sincericidios, puedes decir la verdad de manera empática. Cuida tus impulsos.

La mitad de los matrimonios se vuelven disfuncionales porque se cimentaron en un espejismo, en un rol de género, donde hay "deberes" acordes con el papel que se desempeña, donde el varón asume por lo general la función de proveedor y la mujer las labores del hogar. Es cierto que hoy en día muchísimas mujeres trabajan, y qué bueno que empieza a suceder en función de su propio desarrollo. Las mujeres trabajadoras viven la realidad de una libertad financiera, no dependen. Es cierto que su labor se duplica porque no dejan de atender a los hijos. Esta posibilidad no se discute en matrimonios muy conservadores, donde no se plantean relaciones asociadas con el desarrollo de las partes, sino con asumir los roles asignados a cada sexo. Se trata de una inercia que arrastramos desde siglos atrás y que tiene que ver con valores de la cultura judeocristiana.

De alguna manera el desarrollo gradual de la mujer ha conllevado una crisis de la pareja, sobre todo en Occidente. Poco a poco se

despierta una nueva consciencia. Es cierto, nuestras madres y abue-
las tenían otra información y tratar de transformarla era una lucha
contra la inercia familiar y contra la sociedad. En mi adolescencia,
leía en historietas y escuchaba en muchos medios una expresión
particular con respecto a las mujeres, llamándolas el "sexo débil". La
mujer no tiene nada de débil; es poderosa y hoy está tomando su lugar en esta sociedad. Hay innumerables estudios y posturas activas
que hablan de igualdad, paridad y equidad de género. No es motivo
de este análisis detenerme en estos conceptos, pero sí lo es hacer
notar que la naturaleza femenina es cada vez más contundente en
la aldea planetaria. La civilización empieza a caminar con sus dos
piernas, la masculina y la femenina.

Muchas mujeres han dejado de depender de sus esposos, eso ha
causado conflictos en la relación cuando ésta tiene una estructura rígida. No obstante, en muchos casos se ha logrado trascender
la situación para forjar una pareja funcional. En esos casos no se
toma el rol como mandamiento, sino que esas relaciones están basadas en que las dos partes se han preparado, es decir, han estudiado
y sus fuentes de información no dependen de telenovelas, series y
canciones rancheras que promueven posturas machistas en ambos
géneros. ¿En ambos géneros? En efecto. En una sociedad machista
también las mujeres son "machas". En este mismo sentido, millones
de hombres promueven y viven una nueva masculinidad consisten-
te en desaprender el ejercicio de roles, dejando de lado expresiones
tales como "los hombres no lloran" que sólo nos encadenan a un rol
y un malentendido de lo que es la fortaleza masculina.

No estamos educados para la libertad ni para el amor. Hemos
arrastrado modos de respuesta aprendidos y no cuestionados; aun
así, poco a poco, el ser humano ha ido conociendo maneras de amar
más igualitarias. En este sentido, algunos poetas y compositores
inteligentes han hecho una labor de avanzada, porque la poesía y
la canción responsable ha sido fundamental en la expresión de los

sentimientos. Se vive ahí, en ese canto y esa poesía, la narrativa del encuentro a media luz de los amantes que, dentro, muy dentro, saben que se están buscando y que las posibilidades de un encuentro verdadero pueden estar cerca. Eso emociona, se siente fuerte y requiere cimientos firmes.

Durante años, tal vez siglos, se usó la expresión "me haces muy feliz". Aún se suele emplear de manera cariñosa, pero la frase implica un ámbito confuso, engañoso y codependiente, en donde la responsabilidad de la propia felicidad es puesta en manos del otro. Cuando la pareja trabaja en la construcción de esa unión se asume la conciencia de que somos dos soledades que se acompañan. Es ahí donde ocurre el encuentro y es ahí también donde se puede festejar un "Tengo la alegría de saber que existes". En una ocasión me llegó un mensaje por WhatsApp que decía: "No hay parejas felices, hay personas felices haciendo pareja". La frase transmite responsabilidad y realidad existencial, pues a nadie le impongo la carga de hacerme feliz. Todo esto, aclaro, sin negar que existe la pena de amor y que cuando se vive se busca alivio en la presencia del ser amado, a veces sin resultados. Sin embargo, cuando eres el amor de tu vida lo sabes, valoras al otro, pero no te olvidas de ti, no te abandonas a morir; puedes sentir una tristeza profunda como el mar y, entonces, agradeces a la vida por haber vivido la experiencia de haber conocido a esa pareja y luego aceptar que terminó; pero a veces, ese proceso tarda años.

Nunca hay garantía de que un encuentro amoroso sea trascendente. Para que ello ocurra intervienen muchos factores, tales como el tipo de carácter y hasta la información y prejuicios con que cada uno de los contrayentes creció. Uno de estos factores es, como ya he mencionado, el apego a la familia de origen. "Me casé contigo, no con tu familia" es una frase que uso cotidianamente con mis pacientes y espero su respuesta para disertar si lo vive. Esta expresión es una muestra de los diversos conflictos que puede tener la pareja cuando se detecta una conducta intrusiva por parte de la familia de los contrayentes. Esa misma disfuncionalidad se despliega cuando los esposos viven bajo el mismo techo que sus suegros, sea del lado que sea. En esos casos no hay un desarrollo independiente del nuevo clan familiar, sino que se depende y representa una atadura, por lo que no se puede ejercer con soltura una nueva fórmula. Muchos padres ofrecen a sus hijos o hijas esta posibilidad en el nombre del amor; pero si es en el nombre del amor, más bien hay que invitarlos y alentarlos a proseguir su propio desarrollo.

Suenan canciones en la radio que llevan como mensaje fundamental "tú y yo somos uno mismo". El mensaje se aprende al cantarlo y bailarlo, pero es confuso. Es cierto que en la pareja funcional hay coincidencias de todo tipo, pero son sólo eso, coincidencias. No somos uno mismo, y comprenderlo ayudará a que la pareja se viva de manera respetuosa. Por fortuna, somos diferentes. Diferenciarse en este contexto ayuda a decirle al otro hasta dónde deja de ser saludable el modo de convivencia. Cuando hay amor, la energía se fortalece con esta práctica respetuosa hacia el otro, ya que sin respeto no hay amor. Si no se atiende puede persistir la incomodidad y el reclamo, lo que da como resultado una relación enfermiza. Esto puede provocar a la larga una separación, o bien una unión en la que persiste el apego, el deber ser y la costumbre, que no es lo mismo que el amor.

La amistad

Experimentar conscientemente las formas del amor nos acerca a la plenitud. La amistad es una forma de amor y las relaciones amistosas, así como las de pareja, merecen ser habitadas por la claridad. Esto no es fácil, pero es útil saberlo. El amor es como una planta: para que florezca es importante cuidarla con atención. Una relación de amigos exitosa es una relación trabajada, a veces con diálogos, incluso con silencios cuando ha habido faltas de respeto. Los silencios, tomados en sentido simbólico, dicen algo. Y es que el silencio habla porque lo que no se dice se actúa.

A veces los amigos se separan como resultado de múltiples factores, incluidas la falta de comunicación consciente o la falta de límites. Llega a ocurrir que circunstancias como el choque de ideologías políticas contrarias generan un debate constante que puede convertirse en cotidiano, donde se pretende imponer al otro un punto de vista. Eso a veces pesa, luego harta. Hará falta asumir y conocer el concepto de educación emocional para darse cuenta de que muchas veces somos títeres de nuestros impulsos, de nuestras fantasías. El amor no es ideológico; dejar que el otro piense lo que quiera es un ejercicio de respeto a lo diverso, el mundo es diverso y seguirá siéndolo por fortuna. "Prefiero tener amigos, que tener la razón", es una frase que uso en los grupos de WhatsApp en donde suelen darse estos debates que no llevan a nada. El comentario agresivo puede ser una señal del estado de nuestras relaciones, de una comunicación bloqueada; la vida es en relación con los demás, pues somos seres con un instinto gregario. Es así nuestra naturaleza. Nos necesitamos, nadie puede hacer las cosas solo. He conocido a ermitaños que son víctimas de su relación disfuncional con los otros; así viven, solos, culpando al entorno y así se van, en soledad.

Decía yo renglones atrás que uno de los factores que nos acercan a una vida plena es tener amigos. Aristóteles hablaba de tres tipos de amigos: amistades por beneficio, amistades por placer y amistades virtuosas. Las amistades por beneficio se dan cuando claramente los amigos obtienen algo conveniente y mutuo en su amistad. Puede pensarse de manera prejuiciosa con respecto a esta amistad, al señalar la conveniencia como falso fundamento amoroso, pero no es así. La cortesía que ostentan los socios comerciales con personajes que tienen relación con sus labores cotidianas es un factor que se puede y debe tejer con atención; la vida siempre es en relación con los demás. De este tipo de amistades puede florecer más tarde una amistad por placer, aunque ello no siempre ocurre.

La amistad por placer se explica sola. Se dice que los amigos son la familia que uno elige; ahí la simpatía, empatía y demás ingredientes surgen de manera natural. En cualquier caso, es importante mencionar que la amistad se gana, se cuida, se trabaja y, de ese modo, se fortalece entre risas y abrazos. En la amistad se da y se recibe, es una plantita que hay que regar con atención. Porque conocer a una persona es un asunto de años y en la relación amistosa surgirán diversos momentos en los que descubriremos si somos así o asá. Poco a poco sabremos hasta dónde llegar en cada relación, por eso he hablado de los límites. A veces, en una gran amistad es importante saber decir "no".

Las amistades virtuosas van más allá de la mera simpatía. En ellas se desarrolla una admiración por las virtudes del otro. Es una amistad profunda donde podemos hablar de un encuentro extraordinario con otro ser. Los personajes virtuosos son buenos en sí mismos y son capaces de irradiar, cuando es necesario, su sabiduría en el medio ambiente que los contiene. Así, Sócrates caminaba por las calles de la antigua Grecia disertando y filosofando para quien quisiera oírlo, aunque no sé si por eso era amigo de algunos o de todos sus oyentes. Las personas virtuosas no se encuentran a la vuelta de la esquina, y la mayoría de la gente común no está interesada en el desarrollo de virtudes, aun cuando desarrollar virtudes te conecta con amistades virtuosas

Finalmente, el paquete amistoso y de pareja tiene un lado B, una contraparte a veces traducida en dolor. Y es que el rompimiento pesa y genera desconsuelo. Ese dolor es un referente de lo vivido, está aquí como elemento dual: no se sabe de la luz si no se tiene noción de la oscuridad. En esos polos nos buscamos, en esos polos nos encontramos.

TÚ ERES EL AMOR DE TU VIDA

Para hallar una relación exitosa, tanto en la amistad como en la pareja, hay que promover un verdadero encuentro con el otro. El otro es exactamente eso, otra persona, otra historia y visión, otro carácter e información. Por ello, el otro nunca verá las cosas exactamente como las veo yo. Muchos de los grandes pensadores han abundado en la relación con la otredad, la otredad definida como todo lo que está fuera de mí, es decir, todo lo que yo no soy, el *no yo*. Martin Buber, filósofo existencialista y escritor, diserta de manera brillante sobre el asunto invitándonos a la relación *yo, tú*. Buber describe que la relación cotidiana con el otro puede convertirse en la relación con una cosa, un ello, un objeto; luego nos exhorta a considerar que se trata con otro yo. Cuando se integra esta concepción hay una relación de cercanía y comprensión, más allá de querer cambiar al otro.

Al escribir estas líneas recuerdo que ya siglos atrás los mayas llegaban a esa misma conclusión gracias a su poderosa visión del *In la'kech hala ken*: "Yo soy otro tú, tú eres otro yo". Cuando una relación cercana considera que finalmente está tratando con *otro yo* y no con una cosa se pueden corregir los múltiples vicios que bloquean la comunicación.

Cerrando este apartado sobre la amistad, el tipo de amigos que tengas habla mucho de ti. Te pareces a ellos y ellos se parecen a ti. La amistad inconscientemente nos recuerda que hace miles de años fuimos tribu, veíamos por todos los miembros del clan, nos protegíamos mutuamente. Tus amigos son tu tribu, y tu tribu es la red de contención que te rodea (además de tu familia) y no tiene que ser sólo una, puedes tener el privilegio de pertenecer a varias; si no las tienes te puedes convertir en un personaje solitario; hay ermitaños sabios, pero hay quienes sufren de soledad. La tribu es necesaria; si no la tienes, búscala o constrúyela.

La tribu se puede construir a partir del encuentro y la identificación. Si tomamos como ejemplo la vocación no será difícil imaginar que los músicos conozcan músicos, pero no por eso son tribu; sin embargo, la identificación con un mensaje en el canto puede crear un vínculo tribal.

Lo mismo ocurre con otras actividades artísticas, científicas, comerciales o administrativas. Se puede hacer tribu en la actividad ecológica, en las medicinas alternativas... hay cientos de ámbitos. En ocasiones, la tribu se genera incluso con base en una creencia religiosa.

Amar lo que es

El amor impersonal es el mayor impulsor de la integración humana. Es un amor que no necesita motivos, no proviene de una proximidad familiar ni amistosa; es un amor que se origina en el ser primordial que vive en nosotros. No puede variar, no disminuye porque no depende de nada para ser; por eso es difícil para la mente comprenderlo. Es un amor que surge del vacío, no se ofende porque se sostiene en una paz imperturbable. Es una energía que vibra en los grandes maestros de la humanidad, ocupa sus cuerpos y estos grandes maestros lo emanan como un foco. Estos seres se expresan desde la no dualidad, más allá de los opuestos, más allá del bien y del mal, como un sol que baña con sus rayos todo lo que hay para alumbrar.

Las definiciones del amor a veces más que ayudar confunden. Las creamos por la necesidad de comprender, pero las definiciones nos limitan. Entonces, si no sabemos qué es el amor tal vez podamos empezar por comprender lo que no es.

Vivir reclamándole amor al otro no es amor, porque el amor no se pide, se da. Aplica lo mismo en la relación con el mundo: comprendamos que el amor no obliga ni ofende, se proyecta cuando se siente. Los grandes maestros aman todo lo manifestado y esa energía no depende de lógicas mentales.

Si hay guerra y desprecio es porque existe energía negativa ocupando el cuerpo de quienes las promueven. Eso ha ocurrido siempre, es parte del proceso de exploración de posibilidades. Éstas son perfectas, como perfecto es promover la paz y el entendimiento. Esa energía de paz habita el cuerpo de quienes la fomentan. Estamos en medio del juego de polaridades.

Lo perfecto es lo que tiene potencialidad de ser, de existir; es perfecto porque ocurre, no porque me agrade o desagrade. Un ser que contempla desde su paz ama lo que es; al contemplar la naturaleza puede asumir que las diversas especies se alimentan unas de otras sin alterarse, porque sabe que eso es lo que es. Por eso el ser trascendente puede ver perfección en todo, porque lo ve desde su interior, no desde el juicio. En este libro encontrarás la idea de que no está lo bello en las cosas, sino que lo bello es como las ves. No es que necesitemos nuevos paisajes, lo que necesitamos son nuevos ojos. Amar lo que es implica la aceptación de la totalidad, el Cosmos, el espacio-tiempo, el Universo o como queramos llamarle.

En la historia del pensamiento filosófico han existido autores que trataron de comprender esta totalidad. Baruch Spinoza toma del pensamiento de René Descartes el concepto de sustancia, considerando que es aquello que sólo necesita de sí mismo para existir. Decía Descartes que Dios es sustancia infinita, ya que sólo precisa de sí misma para existir. A partir de ahí, Spinoza concluye que todo lo que existe es sólo una parte de la única sustancia que existe, Dios. Afirmaba mi maestro, de quien hablaré más adelante, que: "A Dios no se llega, en Dios se está". Dicho de otro modo, es como si Dios se hubiera olvidado de sí para ser lo que hay, incluyéndote a ti y a mí; por eso tiene sentido amar a tu prójimo como a ti mismo.

Los miles de millones de seres humanos que buscan situarse del lado pacífico y amoroso pueden darse cuenta de que, para acercarse al amor en nosotros como energía, hay que hacerle lugar; eso significa *vaciarse*. Es como pararse de cabeza para que salga lo cargado durante tanto tiempo, para que escurra el flujo de interpretaciones hasta la última gota. Es un proceso permanente que se alterna con prácticas de paz interna. Si miramos todo lo existente con aceptación, veremos que todo funciona y se mueve independientemente de nuestra aprobación, y así seguirá. Por eso hay que trabajar la paz interior, sustancia que no depende de nada para ser.

Hay actualmente en el mundo seres que son portadores de esa energía. Son seres que brillan con luz propia. Todos ellos son distintos, hablan de manera diferente y enseñan de formas diversas, pero el propósito es el mismo: irradiar amor a los cuerpos de sus allegados, más allá de explicaciones complejas. Mi maestro, cuando nos reuníamos, nos hablaba para entretener a nuestros oídos, para mantenernos quietos y receptivos. Lo que hacía mientras tanto era bañarnos con esa energía pacífica y transformadora. La tarea que realizan los maestros no es fácil, cuando vienen a nuestro mundo no caminan un sendero lleno de flores, sino que vienen a sembrarlas, con todo lo que ello implica.

Si estás en la búsqueda, el camino te va a encontrar, y cuando te encuentre te va a limpiar, te quitará algunas adherencias y eso a veces dolerá, depende de tu rigidez y apego a las viejas formas. En todo caso es algo que vale la pena. Estamos inmersos en el desarrollo de un proceso en que el humano va a experimentar y descubrir otro modo de vivirse y no porque el anterior proceso fuese defectuoso; así fue y, por lo tanto, fue perfecto. Ahora viene otro tiempo que abre lo no vivido. Para que nazca lo nuevo habrá que tirar lo viejo. Tal vez el modo será parar al mundo de cabeza, y habrá quien lo viva en guerra y otros que lo vivan en paz.

El amor universal

Existe un amor de naturaleza universal e indescriptible. Estar dispuesto a sentirlo para conocerlo es una aventura que vale la pena vivir, es una energía que se conoce al sentirla, provoca una desbordante dicha en el cuerpo que la experimenta; cual si fuera un foco, a veces se contagia a los organismos cercanos. Los maestros se acercan a sus allegados para quitar algunos velos, no sé si hagan milagros, si caminen sobre las aguas o revivan muertos, pero son portadores de esa energía. A veces los buscadores pretenden encontrar algo así, sustentados en los relatos de algunas escrituras. El contundente milagro que mi maestro hizo en nosotros fue bañarnos en su energía amorosa y de ahí lograr que cada cual se enfrentara a sí mismo, confrontando el sinnúmero de miedos e interpretaciones basadas en suposiciones, un andar por la vida en modo mecánico. Lo demás ocurre solo.

Encontramos en nuestra historia planetaria a maestros que manifiestan ese amor universal, el amor por todo lo que es. Ese amor resplandeciente fue expresado por seres trascendentes como Jesús de Nazaret, no pocos maestros del hinduismo, Buda y otros seres de nuestra historia, como Quetzalcóatl y Akenatón en el antiguo Egipto. Encarnan la energía del *kristos* como estado del ser, un fenómeno cósmico cercano a la fuente de la que todo nace y que ha sido guía del espíritu humano para alcanzar su propia trascendencia. En los diccionarios bíblicos se alude al cuarzo o bien cristal en términos de transparencia absoluta. También el término "Cristo" tiene una vertiente griega cuyo significado es "el ungido" o sustancia con un significado de un aceite para ungir o untar. En relación con el cuerpo se habla de una sustancia aceitosa que se aloja en el cerebro, concretamente en la glándula pineal y que es un instrumento físico-biológico relacionado con las facultades del alma. Dicho aceite desciende por la columna vertebral hasta la zona del sacro, en el coxis, y ahí se hospeda. Hay seres que han logrado regresar ese fluido hacia arriba, a través de la columna vertebral, de vuelta al cerebro. En algunas concepciones este hecho es conocido como energía kundalini, que desencadena una iluminación o estado crístico. En el chi kung —desarrollado en la antigua China— ese punto situado en la base de la columna se llama *dan tian* (tan tien), que es uno de los tres centros energéticos del cuerpo. Su función es la de almacenar energía e información.

El kristos es un estado de iluminación, y aunque en las diversas disciplinas se trabaja con miras a un gran despertar espiritual, en el chi kung también se promueve como como nivelador de las funciones físicas del cuerpo, la estabilidad emocional y la claridad mental. En mi concepción personal, la iluminación no se logra, se experimenta, ocurre en seres que vienen a realizar una misión de dimensiones planetarias. No por eso dejo de tener en cuenta los procedimientos disciplinarios del chi kung o la kundalini yoga que tienen que ver con esta elevación energética y en los beneficios que provee a sus practicantes. No dudo de que incluso en las disciplinas de los hombres de conocimiento del México antiguo, lo que hoy se conoce como "tensegridad" se promoviera por medio de una serie de movimientos dancísticos que despertaban potencialidades energéticas.

"Ama a tu próximo como a ti mismo" es una enseñanza conocida y poco practicada. Ha sido difundida por varios seres que vinieron al planeta a instruir a la humanidad.

Ha quedado patente en nuestra historia el riesgo que corren estos iluminados ante los excesos humanos cimentados en la ostentación de poder. Pensemos, por ejemplo, en el caso del Nazareno ante el asedio del sanedrín, jerarquía dominante en aquel momento, que ejercía un poder civil y regía las creencias religiosas de aquellos tiempos. Esto sin contar el poder ejercido por el Imperio romano.

La energía crística está conectada con la fuente primordial. Estos seres no vienen a hacerse famosos ni a crear religiones, sino a trabajar con el proyecto adámico, es decir, nosotros. Cuando se van, queda en los humanos el deseo de difundir estos conocimientos y, a lo largo del tiempo, se van generando diversas interpretaciones y templos. Las muestras de amor impersonal, de amor universal y sabiduría nos han dejado honda huella y el deseo de que vuelvan a nosotros. La energía crística es el máximo potencial de conexión con la fuente, al menos para nosotros los humanos.

৵ Máximas ৵

৵ No está lo bello en las cosas, lo bello es como las ves.

৵ Quererse y amarse es una práctica, no un discurso. De nada sirve decir que te quieres si no lo ejercitas en lo cotidiano. Es un ejercicio constante, nada se integra si no se practica. Puedes iniciar esa habilidad, alejándote de quien te maltrata, de quien no te valora.

৵ Eso de tener la razón es el deporte favorito de un ego exacerbado. Hay personas que bajo cualquier situación se trenzan en una discusión y eso solamente deja gente lastimada. Cuando se presenta la oportunidad de discutir siempre digo a mis amigos: "Prefiero tener amigos que tener la razón". Siembra paz en tu corazón.

৵ El que mira una envoltura no está viendo a la persona. Lo que parece dulzura a veces se desmorona. Encuentra al otro que está en nosotros, un par de antenas detrás del ojo.

৵ Es altamente curativo cerrar asuntos pendientes. Algunos de esos pendientes permanecen desde hace meses o años.

Cerrar lo inconcluso te ayuda a fluir en el presente, para hacerle espacio a lo nuevo.

෴ A veces nos enamoramos de la belleza física, pero hay otras bellezas que tardan más en revelarse y que, de hecho, embellecen una relación. Alerta, hay que saber lo ciegos que podemos ser al confiar en la mirada.

¿Qué estás atrayendo?

Nuestra vida transcurre en el espacio-tiempo. Ahí toda acción tiene un efecto, atrae o rechaza, hay ignorancias y certezas, actos y creencias, lo dicho y lo callado, la paz interna o la angustia. Así es la ley de causa y efecto; todo tiene un resultado, unas veces diminuto, otras determinante.

Cierto es que mucho de lo que vivimos no tiene explicación o causa ubicable. A veces, hasta parece que el destino existe. Ése sería un debate interminable. He visto miles de experiencias en las que no hay manera de determinar cuál es la causa de algunos goces y sufrimientos. Sólo puedo disertar acerca de lo que sí podemos hacer, es decir, lo que de nosotros depende, el ámbito de nuestra responsabilidad. Tenemos una resonancia interna, una cosmovisión propia, una ecología interior. Con ese estar cotidiano sí podemos trabajar porque cada cual está donde está su atención y es ahí donde esta ley de causa y efecto nos provee de resultados, y de ahí lo que vivimos.

Hay quien sostiene que puede gobernar sus pensamientos, sin embargo, es tarea difícil. Somos máquinas de pensar y, como buena máquina, el pensamiento tiene una función mecánica. Sólo conociendo las mecánicas del pensamiento podemos acceder a descubrir los patrones que nos llevan a actuar una y otra vez de la misma manera. Peter Demianovich Ouspensky, en una entrevista que concedió, retomó las palabras de George Gurdjieff: "Cuando una máquina se conoce deja de ser una máquina, o por lo menos ya no es la misma máquina de antes, sino que comienza a ser responsable de sus acciones. Un hombre es responsable, una máquina no es responsable".

Lo que se vive genera un modo de estar, un aura, un estado vibratorio. Esa vibración se hace presente mediante acciones en nuestra relación con el mundo y atrae o repele experiencias de vida similares. Esta situación puede producir congruencia o incongruencia, esta segunda es muy tóxica. El humano manifiesta incongruencia en varios niveles. Incongruencia es afirmar que se ama la vida mientras se agrede al cuerpo, como lo es decir que se ama a alguien y no respetarlo. Hay incoherencia en prometer y no cumplir.

Vivir luchando contra otros modos de pensar atrae conflicto, es decir, se asiste a una lucha constante por imponer un punto de vista. Vivir en paz atrae paz. La persona común quiere vivir en paz, pero atrae conflicto; quiere vivir abundancia, pero atrae carencia. Un alto porcentaje de nuestros actos incoherentes vienen de creerle todo al pensamiento, es decir, a nuestra interpretación.

Tú no eres tu cabeza. Es cierto que con ella piensas, deduces, sacas conclusiones, pero tú no eres tu cabeza, tu cabeza es tuya. Aprender a vivir con tu pensamiento es un arte, el arte de no hacerte daño. Tu pensamiento es tuyo, pero tú decides si eres tu pensamiento; si comprendes esto puedes aprender a vencerte; conocerte te ayuda a salir victorioso de tus propias trampas.

Es importante educar a la cabeza, eso implica enseñarle que está a tu servicio y no tú al de ella; si no la enseñas, ella se hará cargo de ti, como es el caso de la mayoría de los seres humanos, cuya mente genera bucles infinitos de la misma experiencia. Para detener mi mente intento indagar cómo funciono, ya que mis propias interpretaciones se pueden observar jugando a poner una lupa a mi proceso de pensar; me sitúo en lo que llamo el "testigo de mi pensamiento".

—¡Ya te vi! —le dije a mi mente cuando me di cuenta de sus elucubraciones.

—¿Quieres que me detenga? —respondió—. ¿De verdad quieres dejar de pensar?

—Quiero que dejes de especular, porque me llevas de arriba abajo, del bosque al monte, del mar al río.

—Ésa es mi naturaleza —dijo mi mente, pensativa—. Soy tu manera de percibir el mundo.

—Me llevas por todos lados imaginando lo que está ocurriendo o lo que va a ocurrir, tejes suposiciones, te crees todo lo que deduces y muchas veces tiendes a concebir fantasías catastróficas. Estás imaginando lo que va a pasar como si estuviera bajo tu control. Tú misma sabes que no lo está, pero vuelves a suponer. Entonces me llevas como el corcel al jinete, y cada vez me doy más cuenta de que, montado en ti, cruzo los senderos de la especulación.

—Pues mira, soy como soy y no me puedo detener, simplemente ocurro, soy parte de las cosas que son y eso no lo puedes parar. Por eso funcionas como yo. Admite que tú eres yo, admite que yo soy tú.

—No, sólo admito que te tengo dentro, eres parte de mí.

—¿Y quién eres tú?

—Soy quien te ve, quien te oye, quien te observa cabalgando sobre los campos de la imaginación.

Mi pensamiento se quedó reflexionando, yo cerré los ojos y me concentré en el silencio. Más tarde empecé a cavilar, y me dije: "Analizar el funcionamiento de mi mente no debe producir un conflicto interno, sería la mente peleando consigo misma, como pelear con el espejo, el ego contra el ego".

Las más de las veces me sumerjo en lo que estoy pensando, atento a la actitud discursiva de mi mente. Ocurre entonces que me creo esa historia que me cuenta, que me cuento, y a veces me genera ansiedad o angustia. Se convierte en un estado corporal, biológico, anidando en mi carne y vísceras.

El testigo de mi pensamiento detiene la atención por momentos, respira sin engranar ideas, es quietud interior. El testigo no vence, contempla; el pensamiento lucha y domina, esto se liga con un estado corporal, una respuesta biológica de paz. Hoy día contamos con estudios científicos que ponen en evidencia la respuesta del cuerpo a las emociones. El cuerpo humano está en su mayoría formado por agua. Es contundente el resultado de los estudios del médico japones Masaru Emoto, plasmados en su libro *Los mensajes del agua*. Emoto sometió al vital líquido a mensajes escritos en diversos recipientes; las palabras ahí contenidas iban desde textos de paz y gratitud hasta aquellos que expresaban odio. Al congelar los recipientes obtuvo diversas formas geométricas. Los mensajes de gratitud y compasión crearon figuras simétricamente hermosas, mientras que con los mensajes de odio las figuras estaban desordenadas y eran desagradables a la vista.

La atención a la conversación interna es un encuentro con la mecánica propia, que muchas veces da como resultado un funcionamiento rutinario. Ésta es una de mis prácticas habituales de autoindagación. Por supuesto que tú puedes inventar tus propios modos de observarte. El incesante hervidero mental genera un estar relacionado con su misma naturaleza repetitiva y los hábitos del pensamiento.

Si cargo por dentro violencia, eso saldrá por mi boca; si labro compasión, se reflejará en mi estar y eso se evidenciará en mis palabras. Pero, a veces, aun con la intención de estar en paz, mi boca quiere ser escuchada, quiere parlotear. Su mecánica consiste en decir y sonar; sonar es plasmar un mensaje en el ambiente, pero las palabras no se las lleva el viento: plasmas una energía acerca de ti en el ambiente. Al decir, te muestras al exterior, salen de tu boca tus adentros, flotan en el entorno y se meten al oído del escucha. Eso que sale pueden ser mariposas o murciélagos, es una fórmula simple. El discurso de todo individuo es una muestra de su realidad interna.

En los *ashrams* de todo el mundo se realiza un ejercicio que consiste en guardar silencio durante algunas horas, a veces ocho, a veces doce, en ocasiones se hace por días. Es una práctica muy potente. Hace unos años yo mismo hice el ejercicio con algunos colegas. Realicé varias actividades sin emitir palabra alguna durante ocho horas. Cuando se cumplió ese plazo conversé con mis colegas acerca del experimento. Me preguntaron si la experiencia me había servido o enseñado algo. En realidad, me di cuenta de que cuando más me hizo falta hablar fue para quejarme. Hoy lo recuerdo como una permanente necesidad de parlotear. Me centro en promover un darse cuenta en cuanto a los modos mecánicos del cuerpo que habitamos.

Atraer

Hoy se habla mucho de la ley de atracción. El término se generalizó a partir de la película *¿Y tú qué sabes?*, en la que se plantea una propuesta acerca de la realidad energética que nos rodea y, por consiguiente, la noción de que todo lo similar se atrae entre sí, además de exponer valoraciones biofísicas que casi no se conocían antes de esta producción cinematográfica.

Este tipo de consideraciones tienen una historia. A finales del siglo XIX surgió en Estados Unidos una corriente a la que se llamó *el nuevo pensamiento*, promovida en un principio por Phineas Quimby, quien afirmaba curar con la mente y difundía la noción de que lo que ocurría en la materia de alguna manera obedece a fundamentos mentales. A partir de ese momento surgió un gran interés en la idea de que atraemos experiencias con nuestro pensar. En esos mismos tiempos, Helena Blavatsky hablaba del poder del espíritu para atraer realidades, pero ella se refería más al poder de nuestra esencia que al pensamiento en sí. Después, con la llegada a Estados Unidos del maestro indio Swami Vivekananda se iría reforzando en

Occidente la idea del poder del pensamiento sobre la materia y, por consiguiente, la noción de que todo lo similar se atrae entre sí.

Acorde con lo planteado, actualmente hay miles de cursos que promueven algún tipo de desarrollo al respecto. En algunos casos se imparte una enseñanza dedicada a la manifestación de tus sueños o deseos, donde abundan las frases como: "Pídelo al universo", "Decrétalo", o bien: "Deja que el universo se encargue". El universo se encarga, sí, pero hace resonar tu estado total, no necesariamente tus deseos. Cuando la persona no vive con coherencia no tiene potencialidad alguna, y sus deseos tampoco; el universo no habla español o inglés, el universo resuena en frecuencias vibratorias.

Desear no es malo, todos deseamos. Nuestra naturaleza interna es así. Pero consideremos que se desea desde la carencia, ésa es la naturaleza del deseo. Esto es lo que sostenía el filósofo alemán Arthur Schopenhauer; afirmando que sólo se desea cuando no se tiene lo añorado; luego, cuando de alguna manera el deseo es satisfecho, no tarda nuestra condición en desear algo nuevo. Es importante comprender la construcción imparable de deseos como parte de la mecánica que nos habita. Desear es "futurear", es no estar aquí y ahora, sino allá y entonces. Desear no es atraer, es afirmar que no se tiene. Schopenhauer disertó intensamente en sus obras acerca de los deseos. Quien desee adentrarse en el tema puede hacerlo en su libro: *El mundo como voluntad y representación.*

Hace poco me llegó por WhatsApp un video donde el actor Anthony Hopkins transmite un importante mensaje. Sintetizo lo que dice el actor con mis propias palabras: "El mañana no existe, la siguiente hora no existe, todo es potencial. Leí a alguien, no recuerdo quién era, pero parece que lo dijo un chamán, quien cuenta que durante una sequía los animales y la gente morían por la falta de agua. El chamán dijo: 'Construyan las zanjas, caven las zanjas para que corra el agua'. 'Pero no hay lluvia —respondieron los pobladores—. ¿Para qué cavar las zanjas?' 'Caven las zanjas y la lluvia llegará.'"

Continúa Hopkins: "Puedes creer que eso no tiene sentido, ésa es la mente racional. Si creemos podemos atraerlo hacia nosotros. Cree lo que quieras, no me importa si eres católico o agnóstico, cree lo que quieras, pero cree. Cava las zanjas, no pienses en el futuro, en todo caso atráelo al presente, participa en el juego de creer, eso es poder".

"Lo que crees lo creas", dice el actor.

Casualidad y causalidad

La atención hacia los componentes que conforman nuestra realidad existencial es básica; resulta fundamental cuando se añora tener una experiencia de vida cercana a lo comprensible. He expuesto aquí que la naturaleza de lo que vivimos tiene siempre una inercia. Es decir, el estado de cualquier situación proviene de un recorrido, de un camino. Cuando la persona desconoce su propia trayectoria puede hablar de mala o buena suerte. Sin embargo, escudriñar en el propio andar y en las maneras de relacionarse con el mundo es un paso significativo. Se vive en buena medida lo que se siembra. Aunque aclaro que hay excepciones y consideraciones a tomar en cuenta, hay causalidades y casualidades. Dicho de otra forma, también la fortuna existe y nos toca.

En la historia de la cultura humana muchos asuntos son atribuibles a la suerte. Un ejemplo simple es que no todos los humanos nacemos con las mismas facultades u oportunidades. Nacer en condiciones de pobreza es muy distinto que nacer en el seno de una familia acomodada, y, en esos términos, origen es destino. Al mismo tiempo, algunas condiciones que determinan la salud vienen de nacimiento. Tiene mucha suerte el que conduce alcoholizado sin causar un daño severo a los demás, como suerte tienen los sobrevivientes a un accidente aéreo. A veces hay buena suerte al recibir las cartas correctas en una partida de póker o al ganar la lotería, hay de hecho quien vive con una fe inaudita en dar un golpe de suerte. Sí, algunas cosas dependen del azar, de la buena fortuna y, tal vez, como sostienen los astrólogos, de la posición de los planetas.

Hay en el Tarot de Marsella una carta, un arcano que despliega, entre otros significados, el de la fortuna; se trata del arcano diez *La Roue de Fortune* o La Rueda de la Fortuna, donde unas veces se está arriba y otras abajo. En la imagen de la carta, un par de animalejos misteriosos mueven con sus patas la rueda, mientras otra criatura con una espada y corona se mantiene arriba.

Además, en obras literarias y musicales se pueden encontrar múltiples cantos lanzados al viento donde los humanos clamamos por buena fortuna. Cito un fragmento de la letra en latín (y su traducción al español) de *Carmina Burana,* de Carl Orff.

Fortuna imperatrix mundi	Fortuna, emperatriz del mundo
O fortuna	Oh fortuna
Velut luna	Como la luna
Statu variabilis	Cambiable
Semper crescis	Siempre creciente
Aut decrescis	O disminuyendo
Vita detestabilis.	La vida de odio.

La noción de "destino" siempre ha estado presente en el pensamiento humano. Hay un viejo cuento, cuya autoría desconocemos, que se llama "Ya veremos", aunque también lo conozco bajo el título de "¿Buena suerte, mala suerte?". Dicho cuento habla de un labrador que vivía cerca del bosque con su hijo. En cierta ocasión un potro salvaje que paseaba por la zona se adentró en sus tierras y ahí se quedó a pastar. La gente cercana le comentó al labrador: "¡Qué potro más hermoso! Tienes mucha suerte de que haya llegado así contigo", a lo que el labrador contestó: "¿Buena suerte, mala suerte? Ya veremos". Unos días después, el hijo del labrador empezó a montar al animal para domesticarlo, pero el brioso corcel lo derribó. Al muchacho se le rompió una pierna. Los amigos del labrador comentaron consternados: "¡Qué mala suerte has tenido! Tu hijo se ha roto la pierna por causa de este animal". El labrador respondió: "¿Mala suerte, buena suerte? Ya veremos". A la siguiente semana llegó a la zona un regimiento de soldados. Estaban reclutando jóvenes fuertes para que formaran parte del ejército. Al llegar a casa del labrador vieron al muchacho con la pierna entablillada, por lo que no se lo llevaron con ellos. Los demás labradores asombrados comentaron entonces: "¡Qué buena suerte has tenido de que tu hijo se rompiera la pierna, ahora no irá a la guerra!".

La providencia, la buena estrella y la fortuna existen de manera inexplicable. Alguien dijo que el azar es un efecto conocido con una causa desconocida. Mientras, los destinos humanos claman a la diosa fortuna, como bien lo refieren los griegos y romanos de la Antigüedad. Sin embargo, no todo depende de la suerte, si así fuera seríamos sólo títeres del destino, del infortunio; quien vive lo cotidiano, únicamente clamando buena fortuna, no habita sus pasos, sólo camina.

No es fácil para un ciudadano del mundo darse cuenta de sus conductas repetidas. Escuchamos con frecuencia: "Siempre me pasa lo mismo", pero los patrones de nuestro comportamiento atraen una experiencia repetida en nuestras relaciones. Ahí ya no estamos hablando de *casualidad*, sino de *causalidad*, es decir, de la ley de causa y efecto, que es precisamente una de las leyes del libro *Kybalión*, que he mencionado anteriormente. La regla "Toda acción provoca una reacción" se aplica en la ciencia, en los negocios y en la actividad relacional humana. Los biólogos, los físicos, los químicos y los científicos en general la conocen desde siempre. Los grandes filósofos de la Antigüedad reflexionaron acerca de esta ley. Incluso en el budismo se la relaciona con la ley del Karma.

Decretos

Es común en el argot del despertar espiritual hablar de decretos. El término es abordado a veces con demasiada familiaridad, como sinónimo de "resuélvelo así", como si fuera algo sobre lo que tenemos total conocimiento; sin embargo, no pertenece a nuestro dominio consciente. El decreto es importante y se le frivoliza al hablar de él con una simplicidad que evidencia un desconocimiento del tema.

El decreto, a diferencia del deseo, es una orden. Ante un decreto no hay ningún poder que pueda interferir para que no se dé. El deseo tiene otra naturaleza, viene de la personalidad carente. En cambio, el decreto se sostiene en el poder de una autoridad donde no hay duda; podría ser el espíritu o el ser superior, una presencia que no duda.

El decreto consciente se vive y se sostiene desde una realidad coherente. Un maestro no desea ser feliz; sostiene su felicidad y la proyecta desde la profundidad contundente de su actuar, desde su sabiduría interna. El maestro no vive su felicidad basada en la satisfacción de sus antojos; la vive desde la paz y el asombro que genera la contemplación de todo lo que es, de todo lo que hay. El decreto, cuando es consciente, no se tambalea entre dudas, sino que se sostiene en su propia energía, como si ya se hubiese manifestado en el ahora. Quien es capaz de decretar está en contacto con un poder primordial interno.

Sin embargo, y como paradoja, constantemente estamos decretando, pero de modo inconsciente. La repetición constante de palabras de una situación puede generar realidades, ya que la palabra es poderosa. Por ejemplo, a lo largo de mi vida he estado cerca de gente querida que se enfrentaba, una y otra vez, a una condición económica llena de dificultades. El hecho era comentado con preocupación con palabras, pero también mediante un lenguaje corporal lleno de gestos de alarma. La angustia es miedo, el miedo es una energía poderosa y la repetición constante atrae la realidad no deseada. La palabra que dice nuestra boca crea realidades cuando repite una idea de manera reiterada. Volviendo a mis conocidos, no sirvió de mucho concientizarlos acerca de lo que estaban generando para sí. Ellos estaban muy seguros de que su situación no cambiaría y hoy, después de varios años, viven la misma condición. Este mismo ejemplo se puede aplicar a circunstancias de todo tipo, en la salud, en las relaciones de pareja o familiares, etcétera. Pero quiero ser cuidadoso en aclarar lo siguiente: la pobreza en la que vive inmersa una gran parte de la humanidad tiene muchas otras causas, entre ellas las que se relacionan más con el egoísmo generado en las luchas de control planetarias.

A veces, cuando se conoce el poder de la palabra se pretende decretar, pero subyace un miedo a que no se cumpla lo deseado. Este miedo resulta ser mayor como energía, vive debajo de lo verbalizado. Hay quien habla de esta situación como la ley del efecto inverso. No sé si sea válido elevarlo al rango de "ley", pero el efecto es evidente. En alguna ocasión un amigo me comentó que le declaró su amor a una chica. "Le he ofrecido mi amor sincero", me dijo. Entonces le pregunté si esperaba algo a cambio y respondió: "Sí. Quiero su amor". A esto yo le respondí: "Entonces no le estás dando, le estás pidiendo". La carencia subyacía bajo su deseo. Desear no es decretar, el deseo pide y, al pedir, reconoce que no tiene lo deseado.

Estoy cerca de dos personas muy queridas que, cuando les preguntan acerca de su situación financiera, contestan invariablemente: "Yo siempre tengo dinero". Puede ser que en ese momento su cuenta bancaria no confirme lo expresado, pero lo dicen con una sonrisa en los labios y sin temor. Nunca he visto a estas dos personas tener problemas económicos. Ése es el poder de la palabra con ausencia de la energía del miedo.

Mas allá del poder de la palabra, una persona con control de sí, congruente y sin dudas, decreta y siembra con su andar cotidiano una realidad equilibrada. Estas características distinguen a los verdaderos maestros. Exploremos más acerca de nuestra capacidad de decretar. Estoy cerca de personas que no hablan mal de nadie, pues son conscientes de que al expresar su opinión generan de alguna manera una condición latente en el ambiente, como si la fuerza de sus palabras cobrara vida en la realidad de la persona o personas aludidas. Eso es precisamente lo que se encuentra en la práctica del Ho'oponopono. Esta visión de la realidad la poseen los nativos de Hawái, según el doctor Hew Len, quien divulgó en Occidente la sabiduría de este pueblo, el cual es conocedor del poder de la palabra.

El doctor Hew Len trabajaba en el área de psiquiatría del hospital estatal de Hawái, específicamente en el pabellón donde eran recluidos pacientes con antecedentes criminales. Se dice que era sumamente difícil desplazarse entre los recluidos. De hecho, la peligrosidad hizo que los médicos no quisieran prestar sus servicios en ese pabellón. Al parecer el doctor Hew Len no tenía un roce cotidiano con los recluidos, pero desde su oficina empezó a revisar los expedientes de cada uno, trabajando en una idea sana de forma sostenida. Al cabo de algunos meses, se autorizó a algunos de los pacientes volver a caminar en los pasillos, cosa que antes no les estaba permitida debido a su peligrosidad. En palabras del doctor: "El mundo entero es tu creación, es tu responsabilidad". En una entrevista reveló que pensaba en los pacientes diciendo: "Lo siento, perdóname, te amo, gracias". La palabra Ho'oponopono se define en el diccionario hawaiano como "higiene mental". "Si yo te veo a ti como loca, es mi responsabilidad averiguar qué pasa en mí que te veo así", afirmaba Len. Los datos que tengo en mí dibujan una persona según esos datos, y no lo que esa persona es. Aseguraba que eso ocurre en el mundo. Ser cien por ciento responsable de mi visión hace que yo sane mi mirada hacia los demás. En ese momento el mundo cambia.

En concreto, todo es energía. En términos de nuestra capacidad para decretar, la palabra tiene poder, la creencia tiene poder, el inconsciente lo tiene y lo manifiesta. No sabemos usar nuestro poder porque no nos conocemos.

La oración

Rezar es un acto de rendición y humildad, un reconocimiento de que lo que se mueve alrededor es de tal dimensión que no está bajo nuestro control. La oración nace de un estar en soledad ante una situación apremiante. Puede ser un rezo emitido incluso para que quien ya no está con nosotros tenga buen camino. El orador está muchas veces en un estado de desconsuelo, por eso pide. La plegaria ha estado aquí desde que somos humanidad; es el alma hablando con su dios, clamando ayuda. Esa petición está basada en la fe para atraer lo deseado a nuestras vidas.

Si la oración atrae algo es por la fuerza de la fe y de la creencia. Una vez más, lo que se cree se crea, pues la autosugestión es poderosa. No practico la oración, pero la respeto como modo de expresión, como necesidad de contacto con un poder superior al que se pide ayuda. Cuando por alguna circunstancia he orado, elijo hacerlo con mis propias palabras. No lo hago de memoria, de alguna manera me parece más real y autentico.

Algunas oraciones son tóxicas, como aquellas que hablan de culpas incluyendo golpes en el pecho. Sin embargo, no es dañino contactar con el arrepentimiento. Éste es reflexión. En cambio, la culpa es dolor, por ello es diferente a la responsabilidad reflexiva. La culpa es un sentimiento que no sirve para nada, y el remordimiento que genera sólo es funcional si se actúa para reparar el daño causado directamente a los involucrados. No merece mi atención la oración que convierte a los que rezan en pecadores.

Una modalidad de rezo consiste en emitir un canto cargado de bendiciones. Un buen ejemplo de ello son los mantras usados en Oriente y cada vez más en Occidente. Esos cantos favorecen un estado de gozo y paz a quienes los emiten, ya que al entonarlos el cuerpo vibra, y al vibrar se alinea y se limpia. El mantra es espiritualidad activa que se vive en el momento y, a diferencia de la oración, no está basado en la esperanza. No omito el hecho de que también en los templos de las diversas religiones cristianas se canta alegremente. Éste es un modo entusiasta de alabanza, como el góspel y los cantos del evangelio que emanan una energía poderosa; son una oración positiva y gozosa. Muchas veces cantar es una manera de orar.

En la oración también se puede atraer infelicidad, cuando subyace el miedo, depende de lo que se diga al no ser conscientes de lo que estamos atrayendo. Dicha ceguera puede ser sostenida a veces por años, con una energía insistentemente densa. El ruego es siempre sufriente.

Finalmente, así como existe la belleza, existe la fealdad interna, y quien la posee puede ejercerla neciamente hasta su despedida de este mundo. Pero, en ocasiones, la propia ceguera se detecta y reconoce. Muchas veces este dolor intenso actúa también como disparador para un despertar, para hacerse consciente, para saberse partícipe de lo que ha construido para sí mismo. Ese dolor puede convertirse en un despertar espiritual.

La mentira

Somos siempre inventores. En buena medida, uno crea el mundo en el que vive, lo que vemos en el mundo es creación humana, como un gran bosque de palabras y actos floreciendo como realidad. Así, cuando suponemos que una persona es injusta o tonta, estamos creando con esa visión una realidad, como afirmaba el doctor Len, para que siga presentándose de ese modo ante nuestros ojos. Un buen ejemplo son los prejuicios, es decir, el juicio anticipado. Es fácil ejemplificarlo con la algidez política que se vive actualmente en muchos países: la persona, presa de la ira, señala al político opositor emitiendo todo tipo de calificativos que lo denuestan y lo llama estúpido. De ahí en adelante y, por consiguiente, el "estúpido" comete sólo estupideces y no actuará de ninguna otra manera. El prejuicio es un modo de autoengaño que se sostiene en una idea imaginada. Nace a veces del enojo, luego riega sus palabras en el bosque poblado de nuestras creaciones.

La vida danza tu creación ante tus ojos. Dicha creación puede ser consciente o no, pero al estar basada en la ira, el enojo o incluso en una falsa alegría, es las más de las veces una mentira. Acentuarla es darle vida a algo que no la tiene; se vive entonces entre fantasmas y es, por supuesto, una forma de atraer experiencias personales no gratas.

Al mismo tiempo, hay quien vive mintiendo de manera sistemática. La mentira en esos casos es práctica común del individuo que lanza al éter algo que deliberadamente sabe que no es real. Inventa así un ambiente de no verdad, lo crea y vive en ese mundo y ese mundo pervivirá para su amo, para su creador. Quien miente ha creado una realidad falaz, un lugar donde se miente. Al mismo tiempo estas creaciones se tocan con otras y, a veces, interactuamos con creaciones fantasmales de mentiras donde vive lo muerto. Dicho en otras palabras, contactamos con engaños flotantes. Incluso esos engaños pueden dejarnos huella, pero a la larga quien desarrolla *un ojo que ve hacia dentro* se limpia solo, se pule a sí mismo envuelto en su propio fuego. Asimismo, el mentiroso arde también envuelto en las llamas de su creación. Cuando hablo de un "ojo que ve hacia dentro" me refiero a la consciencia, es decir, un proceso constante de autoobservación ética y estética, donde, como he dicho, se es consciente de que nosotros también nos podemos educar.

A veces la gente cae en autoengaños, se miente de manera inconsciente. Hay, en este sentido, un viejo relato atribuido a Esopo que nos ayuda a comprender esta mecánica interna. Se trata de la famosa fábula de la zorra y el racimo de uvas. La narración que haré es una mezcla de las múltiples versiones disponibles de este cuentecillo. Esto es así porque la existencia de Esopo no está comprobada, pero se atribuyen a él centenas de fábulas filosóficas que contienen siempre un colofón al que llamamos moraleja.

La fábula dice así:

> Una zorra que iba por el bosque se encontró en su camino con unos apetitosos racimos de uvas que pendían de una parra. Decidió detenerse para degustar algunas, pues estaba hambrienta. Dio algunos saltos tratando de atrapar con el hocico un buen bocado de las frutas, pero no lograba alcanzarlas. Durante un buen rato intentó otros modos de brincar para acceder a los racimos, pero siempre sin éxito. Entonces decidió continuar su marcha diciendo para sí: "¡Bah!... Esas uvas ni siquiera están maduras. No valen la pena".

El bosque de las mentiras es acechante, la oportunidad de mentir para encubrirnos está a la mano todo el tiempo. En el ámbito social, la mentira flota de diversos modos: en los mensajes publicitarios, en la política, en los contratos con letra chiquita. La corrupción es una fábrica de mentiras, ya que para cubrir una deben crearse otras, a veces de manera interminable. La mentira es una embriaguez, es una de las vertientes del ego. Sin embargo, en ese oscuro bosque a veces fluyen arroyos de aguas limpias, es decir, personas que no mienten. Seguir a estos arroyos es como desarrollar un respeto por el propio andar para poder habitar la transparencia, para poseer una virtud cristalina.

Hace pocos años escuché una narración en internet contada por un hombre colombiano de origen japonés, Yokoi Kenji. La recuerdo así:

Un par de amigos que viajaban en un automóvil se encontraban detenidos ante un semáforo en rojo. No había autos a la vista cruzando en ese momento.

—¡Pásate el alto! —dijo el copiloto—. No nos está viendo nadie.

—¡Pero me estoy viendo yo! —respondió el que venía al volante.

En un sentido ético, ése es el ojo que ve hacia dentro.

La sopa energética planetaria

La energía universal es neutra, por lo que puede usarse para construir y para destruir. También se puede usar para mentir y para decir la verdad, para amar y para odiar, para abrazar y para golpear. Corresponde al momento evolutivo de cada individuo o sociedad cómo la usa.

Ocho mil millones de personas actuando en este presente planetario genera una sopa energética llena de diversidad. Al mismo tiempo que toda la civilización se informa en noticiarios que difunden puntos de vista más que noticias, ocurre una revolución silenciosa. Las dos energías interactúan. En internet hay todo tipo de mensajes, son un reflejo de la diversidad de la masa humana en acción. Es importante acotar que internet empieza ya a ser intervenido, al parecer para eliminar a algunos investigadores considerados conspiracionistas, aunque muchas veces han difundido posturas informadas y documentadas.

Más allá de lo mencionado, en la gran mayoría de las páginas, sitios y blogs lo que se busca es tener seguidores. Está ocurriendo

que, con tal de obtener un *like*, se publican frivolidades o se anuncian cosas espectaculares como: "Después de ver este video tu vida
cambiará para siempre", o bien "Aquí te revelo lo que no quieren
que sepas", "Lo que siempre nos ocultaron", "Míralo antes de que lo
borren". En la mayoría de los casos se trata fundamentalmente de
captar la atención.

En internet se puede ver todo: mensajes con un fundamento
profundo, funcional y lleno de creatividad, pero también frivolidades o información que promueve el miedo y el enfrentamiento.
Estos mensajes de alerta, más allá de crear consciencia, generan un
estado de densidad generalizado; distraen la atención al proceso
humano trascendente. Muchos de los creadores de contenido asumen estas actividades como su manera de hacer el bien, pero crean
miedo y paranoia. No siembran cohesión ni paz. Así es la naturaleza
humana, antes eran los demonios y la quema de brujas lo que nos
ocupaba, hoy son los controladores planetarios y los extraterrestres.

Lo que nuestra sociedad atrae en esta sopa es notorio en dos di-
recciones. Por un lado, hay guerra, pobreza, crimen y contaminación,
y, por el otro, hay temas de utilidad, además de grandes avances tec-
nológicos y científicos. Además, hay expresiones de una renovada
espiritualidad emergente que, aunque aún no atrae a las grandes
masas, poco a poco se hace presente. La información no controlada
se abre paso por donde puede.

Derrotar la inercia humana en sí mismo no es fácil. Correr el
riesgo de resonar diferente es un proceso en el que se pueden pasar
periodos de soledad, ser criticado y cuestionado. Es necesario romperse, y muchas veces dicho rompimiento ocurre cuando se encuentra guía y apoyo en un maestro, es decir, alguien que vive centrado
en esa tarea. Existen miles de experiencias humanas que están
ahora en ese proceso y crean otro tipo de publicaciones; podcasts y
videos que promueven un despertar interno, consciencia de ser, autoindagación y unidad. Algunos maestros de la filosofía budista,

como el lama Rinchen Gyaltsen y la monja budista Venerable Dam-chö, están haciendo, a mi parecer, un gran trabajo. Además, maes-tros como Eckhart Tolle, Osho (fallecido en 1990, pero de quien se conservan sus enseñanzas), Amma y Bhagavan, Mooji, Esther Hicks, Sergi Torres y Matías de Stefano, están impartiendo en sus allega-dos la noción de que la paz interna se construye con atención y dis-ciplina. Seguramente he olvidado nombrar a muchos, ofrezco una disculpa. Hay también diversos maestros en México, Argentina, Es-paña, Estados Unidos, Chile, por mencionar algunos de los países donde se está promoviendo la cohesión humana y el autoconoci-miento. Un cambio está ocurriendo y vivimos ese tiempo de trans-formación.

Aun con esta sopa energética diversa, que pareciera una madeja enredada, cada cual está en su lugar y momento. Lo que hacen los maestros es irradiar su energía para los atentos, para los que están comprometidos con este despertar. Por otro lado, los que oponen resistencia al cambio planetario están haciendo su tarea, ellos tam-bién son parte del Cosmos. Ahí están, siempre han estado. Habitamos la aldea planetaria donde cada ejemplar humano vive lo que genera, sí, pero a veces los seres cristalinos y pulcros también se ven afecta-dos y obstaculizados. Esto es así porque es difícil salir ileso cuando el camino está lleno de abrojos.

Elige, ¡estás donde está tu atención!

৯ Máximas ৯

৯ Es valiente el que se enfrenta a los demás, pero es más va-liente el que se enfrenta a sí mismo. Hay una enorme valía en el saber reconocer cómo aporta uno a su propio conflicto.

↝ En la experiencia humana, el ego es una especie de moni-gote. Quiere aplausos, reconocimientos, critica, señala, pero no se sabe ver en el espejo. Es lo que yo llamo el "mitote del monigote". Hay que saber situar al monigote para que no te estorbe en tu experiencia de vida.

↝ Es cierto, navegamos en un mar de incertidumbre y ahí buscamos seguridad y condiciones para llegar a un destino imaginado, pero nada es seguro. Es buen marinero quien conduce su barca con un alegre y colorido canto; desarrolla así el oficio de ser artista de sí mismo.

↝ Las más de las veces actuamos como muñecos de cuer-da. Es parte de esta condición humana que habitamos y nos habita. Se puede trabajar desde la responsabilidad y el darse cuenta. Para dejar de actuar de manera mecánica hace falta conocerse: aplicar un microscopio al interior y un telescopio al exterior.

↝ Mentir es mentirse. Cuando la boca pronuncia algo sa-biendo que no es verdad se crea un mundo que es así, y eso va a atraer una corriente energética que acerca a la persona a individuos que no dicen la verdad, porque así fue plasma-do... así de poderosos somos.

↝ Hay una riqueza en la honestidad. El premio por ser ho-nesto es vivir con esa limpieza.

La vida es un misterio

El lenguaje es un virus del espacio exterior.
William Burroughs

El lenguaje representa al mundo, pero no es el mundo. Nombramos las cosas y eso nos da una impresión de certeza; creemos conocerlas, pero son sólo un punto de referencia; nombrarlas para conocerlas da una sensación de control pero, dado lo expuesto, no tenemos control sobre casi nada. Hemos dado nombres a las cosas, pero debemos saber que son sólo nombres y no las cosas en sí mismas. Importantes pensadores han llegado a esta conclusión, pero algunos —los más sabios a mi parecer— se han dado cuenta de esta "trampa". El más antiguo de estos pensadores es el filósofo y poeta chino Lao-Tse, quien lo expone en los primeros postulados del *Tao te King*, un libro filosófico, poético y espiritual escrito en forma de máximas. Cito a continuación un fragmento de la primera máxima en la traducción de A. Laurent:

El tao que puede ser expresado no es el tao absoluto
los nombres que pueden dársele no son los nombres absolutos
innominado es el origen del cielo y de la tierra
nominado es la madre de todas las cosas
así, muchas veces nos desligamos de la pasión
para contemplar el secreto de la vida.

La palabra *árbol* es un sonido y una idea, pero no es el árbol en sí. Lo que realmente sea el árbol quizá nunca lleguemos a saberlo. Al usar el lenguaje debemos ser conscientes de que las palabras sólo simbolizan el mundo en el que nos desplazamos. El lenguaje es un sistema, pero las palabras poco tienen que ver con las cosas nominadas.

En Occidente nos encontramos con que *tao* tiene múltiples traducciones. Los lingüistas aclaran siempre que no puede haber una traducción literal de estas máximas o poemas, pues el lenguaje de Occidente es lineal; sólo existe la coincidencia de que tao significa "camino". Veamos ahora qué dice la primera máxima, según la traducción de Stephen Hodge:

> Cualquier Dao (Tao) fundado en el lenguaje
> No es un Dao constante
> Cualquier cosa que se pueda calificar con palabras
> No es una calificación constante
> La ausencia nombra el principio del universo
> La presencia nombra el principio de las cosas.

Independientemente de la interpretación presente en cada una de estas traducciones, el principio es el mismo. Vamos por el mundo pronunciando palabras para descifrarlo. Las culturas generan sistemas de pensamiento, pero ¿es el mundo el que se nos revela? En Occidente, el gran filósofo y psicólogo Michel Foucault, en su libro *Las palabras y las cosas*, disertó acerca de esta red compleja que constituye el lenguaje.

Atrapados en estos acuerdos de percepción del mundo transcurre nuestra aventura existencial. La palabra en lo común alude a una lectura literal, por eso la poesía me parece la forma más alta del lenguaje. La poesía no reproduce el pensamiento lineal, ya que está habitada por metáforas e imágenes. La metáfora es un lenguaje simbólico que, al no pertenecer al pensamiento racional, penetra en el inconsciente, dice cosas diferentes a cada oído. Por eso, leer poesía, hablar de poesía y elevarla en cánticos nos lleva a conocer un mundo de significados amplios. La práctica poética puede ayudar a la persona a tener una relación menos llena de "realidad" y más poblada de sensaciones y paradojas que nos lleven a percibir la vida con elementos propios, más allá de los acuerdos flotantes entre palabras. La canción bien escrita es literatura cantada. Cuando ostenta una agradable melodía llena al espíritu de un sentimiento de certeza, de dicha. Entonces el cuerpo responde y danza, se transforma lleno de vitalidad. He estado cerca de familias que practican la declamación, también de grupos asiduos a la expresión poética. En ellos es evidente que la creatividad artística promueve el desarrollo personal.

El arte transmite vitalidad más allá del entendimiento literal. Hace poco tuve la oportunidad de presenciar el modo de bailar y cantar de una niña de ocho años. Esta pequeña hacía gala sin saberlo de una agilidad y gracia seguramente transmitidas genéticamente por sus padres. Ella toma clases de danza, pero lo que manifiesta a su corta edad es una elegancia que no se aprende en las escuelas; más bien las escuelas aprenden de este tipo de seres excepcionales. Este comentario guarda una analogía con lo relatado en capítulos anteriores en el caso de la pequeña Gillian. La danza está en la bailarina, como la poesía está en el poeta, como la música vivió dentro de Mozart, Beethoven o Bach. Lo demás ocurre solo.

La búsqueda

Somos espíritus experimentando vida humana, materia manifestada en tercera dimensión. Desconocemos muchas cosas de nuestro entorno y en la búsqueda de cómo estamos formados existe también especulación. A fines del siglo xix y principios del xx se desplegó en Occidente la práctica del espiritismo. Grandes personajes y hasta políticos se interesaron en esta actividad; he ahí al humano en su búsqueda de conocerse, de saberse. Hoy se encuentran todo tipo de videntes y personas que canalizan a seres intangibles, muchas veces prestando sus servicios a personas que requieren tener comunicación con sus seres queridos ya desencarnados. En otros casos, hay quienes buscan el dominio de estos ejercicios para usarlos y sustentar su interpretación del mundo. Eso les proporciona la creencia de que, al contactar con espíritus, obtienen un conocimiento vedado a otros seres. Dicha aspiración es una más de las pretensiones del ego humano, y por lo general se hace con la finalidad de obtener poder y cierto tipo de control sobre lo que vivimos; luego llaman a ese ejercicio vida espiritual.

El hecho de que ciertos espíritus se manifiesten moviendo ouijas y transmitiendo mensajes, no quiere decir que sea saludable contactarlos. Así como aquí, en la vida terrenal, uno puede toparse con seres extraviados y, por tanto, dañinos. Seres con las mismas características se manifiestan en otros planos. Recomiendo tener cuidado en este terreno, pues hay todo tipo de charlatanes que, por si fuera poco, no saben a ciencia cierta con quién o con qué contactan.

Un verdadero ser espiritual se debe a su propio camino. Los hay de muchos tipos, he conocido, por ejemplo, a personajes que son maestros de la limpieza energética y viven ayudando a sanar a muchas personas.

La vida es un misterio

¿Quién soy?, ¿qué estoy haciendo aquí?, ¿hacia dónde voy?: preguntas eternas que pueden tener todas las respuestas imaginables. La ciencia busca respuestas y en sus investigaciones ofrece conclusiones posibles y teorías, y, por lo mismo, no todas demostrables. Las escrituras consideradas sagradas seguramente narran momentos históricos perdidos en la noche de los tiempos. Estos hechos están mezclados con mitos y leyendas. Hay que añadir que a lo largo de los siglos las diversas autoridades religiosas han hecho cambios según las creencias e intereses vigentes en su época.

Hoy, algunas tendencias del pensamiento racional nos llevan a concluir que estas narraciones son mitológicas, producto de una imaginación primitiva por su antigüedad y, por lo mismo, poco desarrollada. Se puede pensar así, como si al estado actual de la civilización se le pudiera considerar muy "avanzado", o como si en nuestros días no se diseminaran mitos y creencias absurdas. Lo antiguo no es sinónimo de primitivo. Cierto es que nunca hubo el despliegue tecnológico que experimentamos en la actualidad; sin embargo, el desarrollo científico corresponde a otro ámbito del pensamiento. Las condiciones que revelan un florecimiento ético no forman aún parte de nuestro avance como civilización; la estupidez humana no es cosa del pasado. El desarrollo de la inteligencia científica no incluye que sepamos qué hacer con el dolor. No hemos aprendido a resolvernos como civilización.

¿De dónde viene nuestra existencia? La teoría de la evolución de Darwin nos ayuda, pero es sólo una teoría; después de hacer un estudio serio para demostrar nuestra posible evolución, él propuso lo que conocemos como el "eslabón perdido". La ciencia no se explica, pese a sus loables esfuerzos, el momento en que llegamos a ser el *Homo sapiens*. No se ha encontrado ese eslabón, ese salto como consecuencia evolutiva del humano que hoy somos y que data de miles de años atrás. Hay interesantes líneas de reflexión en cuanto al pensamiento evolutivo. La selección natural propuesta por Darwin alude a la sobrevivencia, pero no del más fuerte, sino del que mejor se adapta a un medio ambiente. En esos términos, las especies evolucionan para sobrevivir.

Hay que entender que la ciencia es una alumna, no una maestra; nuestro sistema de conocimiento de la realidad es falible, por eso seguimos buscándonos, los humanos seguimos investigando.

A partir del raciocinio como lo practicamos, podemos decir que el pájaro tiene menos inteligencia que el gato y que el perro es más inteligente que la rana. De allí podemos concluir que el hombre es la especie más inteligente, y desde cierto punto de vista lo es. Pero el pájaro tiene inteligencia de pájaro, no necesita tener más para ser un pájaro, lo mismo ocurre con la rana, el perro y todas las especies; son lo que son, se transforman de acuerdo con las condiciones del medio, no para ser mejores, sino para expresar lo que son.

Es en estos párrafos donde empezaré a poner énfasis en la intuición. Mucho de lo que sabemos en nuestro interior es intuitivo, pero hay un raciocinio insistente que, a veces, nos hace perder de vista lo que sentimos por no poder encontrar una explicación concreta. Hay una verdad interna en cada individuo que se relaciona con su propia historia, creencias, mitos y realidades. Es elección personal darle peso a la intuición como parte del propio andar. En este sentido, todos conocemos personas muy racionales y también individuos intuitivos. Una postura funcional consiste en generar un balance entre esas dos partes naturales en nosotros. Algunos de los planteamientos que haré en este capítulo se sustentan en el valor de mi propia intuición. Bajo la propuesta de que la vida es un misterio, y ante las limitantes racionales para explicarla, haré uso de un ejercicio intuitivo para plantearlo como posibilidad.

Así como ocurre aquí en la tierra, en el universo circundante hay todo tipo de seres con consciencia propia en los diversos planos dimensionales, donde se manifiesta la vida en infinitas posibilidades. No poseo evidencia científica, pero he tenido experiencias contundentes que en mí lo comprueban. Con eso me basta para sostenerlo: esas experiencias son intransferibles. Esas expresiones de vida son lo que son y están ahí en su espacio y tiempo de manifestación, como nosotros, como el pájaro, como la flor, como todo lo que es. Entre lo mucho desconocido y lo que no podemos conocer, se reproduce la vida en inimaginables formas en esta densidad tridimensional.

Creo en Dios, pero me parece coherente la postura de los agnósticos. Hay personas que identifican a los agnósticos como ateos, pero esto es un error. Los agnósticos declaran inaccesible al entendimiento humano todo conocimiento que afirme o niegue la existencia de un Dios. La palabra *agnosis* proviene del griego y significa falta de conocimiento. Agnósticos famosos han sostenido que la divinidad siempre está habitada por algún tipo de duda. Estas cuestiones aluden a la fe. La fe es la fidelidad a una creencia y, como sabemos, a lo largo de nuestra historia nos hemos señalado, descalificado y matado en el nombre de las creencias.

Una vez aclarado el término, reitero que creo en Dios, aunque no puedo demostrar su existencia ante quien me cuestione al respecto. No me enfrento a nadie que niegue o afirme su existencia; no necesito demostrar o que me demuestren al respecto. Creo poco en los debates. De lo que sí puedo hablar es de mi experiencia y sensación internas. Puedo asegurar que he experimentado el amor dentro de mí como una energía viva que contiene una potencialidad de abrazo permanente hacia todo lo existente. A eso le llamo una espiritualidad activa, la cual está basada no en evangelios, sino en la práctica de dicha experiencia. De acuerdo con lo que vivo y siento, a Dios *no se llega*, en Dios *se está*. Vivimos en el gran cuerpo de Dios, como lo he mencionado en capítulos anteriores. "Eso" o "ello" indefinible es todo lo que existe. Lo que hemos conocido como dioses, deidades, maestros, santos —y otros conceptos análogos— es una manifestación de esa misma potencialidad, y en ocasiones puede ser también una alucinación colectiva.

Somos una manifestación de aquello que no tiene una explicación racional. Hay ahí un misterio; nuestra manera de desplazarnos por la existencia tiene que ver con cómo concebimos ese misterio en nuestro interior. En ese sendero lo importante no es agradar al entorno, sino engranar de manera coherente en los propios significados de vida. En esta misma dirección, la posición de los ateos me parece muy respetable; a algunos de ellos les he dicho: si no crees en Dios, entonces cree en ti, con eso basta.

¿Quién nos hizo?

Ante esta interrogante hay numerosas posturas religiosas plasmadas en los libros sagrados de cada religión o culto. Por ejemplo en el libro del Génesis 6,2 se lee: "Los hijos de Dios se dieron cuenta de que las hijas de los hombres eran hermosas, y tomaron por esposas aquellas que les gustaron". Si las tomaron por esposas tuvieron descendencia. ¿Quiénes eran esos hijos de Dios? Exploraré un poco a partir de esta milenaria premisa, más allá de iniciar calificándola como mito o realidad. Primero vayamos con un antecedente.

Alrededor de 1990, en mi búsqueda por respuestas, un día le pregunté a mi maestro: *¿quién nos hizo?* Él me respondió:

—Nos hicieron los elohim.
—¿Y quiénes son los elohim? —quise saber.
—Son seres que tienen esa labor. Diseñan formas de vida.
—Es decir, ¿nosotros somos una de esas formas?
—Sí.
—¿Entonces hay otras formas de vida, además de la nuestra?
—Así es —respondió.

Existe una visión sobre nuestro origen con la que simpatizo. Creo en la posibilidad, a nivel universal, de que haya seres sembradores de vida que localizan mundos o planetas cuyas condiciones hacen posible la existencia de modos de vida. Esto, por supuesto, después de la gran explosión o "Big bang". Estos seres tienen esa facultad y esa función; son como jardineros estelares que dispersan posibilidades de vida. Ellos estuvieron aquí. En las diversas biblias se les conoce como los elohim. Probablemente en otras culturas milenarias reciban nombres diferentes. Nuestro planeta es uno de esos mundos donde las posibilidades de sembrar vida orgánica son enormes. Hay representaciones en piedra de estos seres, que en ese entonces fueron considerados dioses. Estos maestros genetistas habrían estado representados en las culturas milenarias de Medio Oriente, así como en China, África, América y las diversas regiones del planeta. Las más evidentes están en la antigua Sumeria, hoy Irak, donde se encuentra evidencia de una cultura con una antigüedad de cinco o seis mil años.

Ahí, en Sumeria, en la antigua ciudad de Uruk, en lo que hoy es Irak, estos sembradores de vida aparecen como un grupo de dioses provenientes del cielo llamados "anunna", los hijos de "Anu". Algunas de las antiguas culturas ubican en las estrellas el origen de estos sembradores de vida.

Diversas teorías suponen que estos sembradores fueron adorados como dioses, aun sin serlo. Pero estos propagadores de vida podrían ser eso: maestros genetistas, no los creadores de la vida (la creación de vida viene de algo incognoscible para nosotros, es decir, de la nada, la antimateria). En las tablillas de escritura cuneiforme de la antigua Sumeria están plasmadas las imágenes de estos seres. Existen diversas interpretaciones y bibliografías actuales a este respecto. Muchos lingüistas han hecho estudios, entre ellos Zecharia Sitchin, cuyos libros han despertado grandes polémicas debido a sus argumentos. También están las versiones de Anton Parks, con conclusiones metafísicas, y un estudio acerca de las tablillas sumerias que llegó a mis manos. Este último libro, *Inanna,* fue escrito por Diane Wolkstein y Samuel Noah Kramer. En la actualidad llaman la atención los estudios del ensayista italiano Mauro Biglino, un traductor de textos hebreos originales, quien ha puesto en evidencia que lo que hoy se conoce como santas escrituras ha sido tergiversado a lo largo del tiempo, cambiando sus significados.

Sea cual sea la verdad oculta a nuestros ojos, mi postura es que estos jardineros cósmicos nos crearon porque ésa es su función. Al encontrar mundos propagan posibilidades, y nosotros somos una de esas posibilidades. Una posibilidad relativamente nueva en comparación con la edad del Universo, ya que hay razas antiquísimas creadas para que el Cosmos, el Altísimo, el Universo, Dios, o como elijas llamarle, se extienda y se experimente mediante esas manifestaciones. Por supuesto que esto no quiere decir que fuimos creados hace cinco o seis mil años, pero es la de Sumeria la información más antigua registrada por una cultura (en este caso en escritura cuneiforme). Básicamente tenemos las características de los seres vivientes terrestres, es decir, instintivamente tenemos un objetivo primario, la sobrevivencia, y para sobrevivir es necesario alimentarse y reproducirse. Además de ese aspecto instintivo, a diferencia de los otros modos de vida, nosotros experimentamos el ejercicio del raciocinio, que incluye una identificación con el yo, es decir, con un ego.

A lo largo de la historia humana, han estado presentes almas que son viejas y se encuentran en un alto grado de maestría. Otras, en cambio, no han superado el desarrollo necesario y han manifestado un actuar inconsciente, acorde con su momento. Todos estamos interactuando en el escenario actual, unos promoviendo y otros deteniendo el salto en el ciclo terrestre. Hay quien explica este movimiento como "la lucha del Bien contra el Mal", pero no necesariamente es así. El bien no mata, no agrede ni hace guerra; quien se asume como luz y se arma para combatir el mal se convierte en lo mismo que está tratando de destruir. Estamos en un gran momento como especie. Nos hallamos ante la posibilidad de trascender, y esa trascendencia es un trabajo individual, que luego se transmite a la sociedad. Millones de mujeres y hombres hoy están en ese proceso de transformación.

Si quieres conocer el Cosmos, conócete, eres un universo en ti misma o mismo, vives dentro del cuerpo de Dios. Y si vives en Dios entonces Dios vive en ti. El verdadero maestro espiritual reconoce esa divinidad en los demás viviendo todo tipo de experiencias, por eso hay poco que enseñar y mucho que experimentar.

"El maestro no enseña, el maestro reconoce", nos dijo un día José Luis, mi maestro. Esta enseñanza implica que más que jerarquías hay funciones, todo interactuando en un espacio-tiempo en el que unos salieron a caminar primero y otros después, formando parte del mismo espectáculo cósmico. No hay separación, lo que sí hay son planos de manifestación dimensional, unos más sutiles y otros más densos. Dentro del hinduismo, las personas conscientes de esta unión se inclinan ante los otros juntando las palmas de sus manos y pronunciando *namaste*, una palabra en sánscrito que conlleva un saludo respetuoso al ser divino que se manifiesta en ti, el que se manifiesta en mí, de espíritu a espíritu o bien de divinidad a divinidad.

No confundas tu experiencia con tu origen; lo que vives no es lo que eres. Dicho en otras palabras, una cosa es tu aventura de vida y otra el poder del espíritu que te anima, tu ser. Cada persona, cuando llegue su momento, irá reconociendo el resonar estelar dentro de sí; disolverá su ignorancia y abandonará cualquier senda confusa. Finalmente ¿qué puede hacer a un criminal dichoso, si el fin del dolor es el reconocimiento de la verdad última que nos contiene?

Ésta es, en mis palabras, la versión más palpable y creíble acerca de nuestro origen y desarrollo. No soy un vidente ni tengo revelaciones de una conexión especial. Son conclusiones que he sacado o adquirido a partir de información hoy disponible, basadas también en mi experiencia al ser y observar lo humano. José Luis, mi maestro, casi no ocupaba tiempo en contarnos la historia de cómo es que estamos aquí. Muy específicamente nos instruyó acerca de lo que es encarnar la experiencia humana para plasmar en la Tierra el modo de trascenderla, ésa es nuestra labor y la de miles de semillas.

—¿Cuántos hacemos esa labor, maestro? —le pregunté un día.
—Somos miles, amigo, muchos miles —respondió.

Yo tenía este tipo de conversaciones con él porque siempre ha sido mi inquietud, otros de mis compañeros seguramente tenían las suyas. Hoy, cuando recuerdo estas pláticas, vienen a mi mente miles de cuestiones que no le pregunté. Era yo muy joven entonces, treinta y dos años, y él lo era más, seis años menos que yo.

En nuestras andanzas con él, quienes lo seguíamos tuvimos oportunidad de trabajar apegos, miedos, culpas y otras cargas que nos identifican con la experiencia humana. Nos instruyó acerca de las peripecias que nos juega nuestra mente y nos cargó de una energía amorosa en forma de aprendizaje para poderla compartir. Fue hermoso y difícil al mismo tiempo, ya que había momentos de renuncia total a lo que creíamos saber o poseer.

Algunos de sus allegados pudimos recorrer el mundo con él, al tiempo que recorríamos nuestro mundo interno. Estos viajes tenían entre sus objetivos cierres y aperturas energéticas planetarias, esto es, cerrar ciclos para que se abrieran los nuevos. Los momentos de crisis planetaria consisten en que lo nuevo no puede nacer porque lo viejo se niega a morir. Siempre nos dimos tiempo de turistear un poco y asombrarnos de algunas maravillas de lo forjado por nuestra humanidad. En Egipto nos sorprendieron las pirámides, la Esfinge, las ruinas de Luxor y Karnak. Ahí pudimos admirar la grandiosidad del espíritu humano a lo largo del tiempo, las grandes edificaciones y templos que han resistido el embate de los siglos. Al mismo tiempo, José Luis nos narraba cómo Akenatón representó una fuerte transformación en el antiguo Egipto, al eliminar a centenares de deidades en un primer paso hacia el monoteísmo.

En aquellos años visitamos también India. "Van a ir a recorrer sus pasos", nos dijo, aludiendo quizás a las veces que hemos estado en esta tierra habitando otros cuerpos. En nuestro camino a la India estuvimos unos días en Japón, procesando silenciosamente el dolor y la muerte que vivió esa nación tras el estallido de las bombas de Hiroshima y Nagasaki, ya que es en el Éter donde queda plasmado el dolor humano y al humano corresponde limpiarlo. "Lo que aquí se ata, aquí se desata", nos dijo uno de esos días.

Recorrimos la India durante veintiún días. Hicimos meditación en muchos templos y también en Varanasi, ciudad atravesada por el río Ganges, donde observamos la quema de cadáveres que hacen a las orillas del río, tradición milenaria en esa zona. Días después visitamos el *ashram* de Sai Baba en una población llamada Puttaparti. Allí, Sai Baba salía todos los días al amanecer para saludar y bendecir a miles de hombres y mujeres (siempre separados) en un enorme auditorio al aire libre, situado en medio de la selva.

Finalmente, el día que abandonábamos ese país, el maestro no bajó del autobús que nos condujo al aeropuerto. Estaba en profunda meditación. Esos estados a veces surgían sin que tuvieran una preparación previa, de pronto ocurrían simplemente porque en ese momento debían ocurrir. La guía de turistas que nos conducía se puso muy nerviosa, pues podíamos perder el vuelo rumbo a Honolulú y había que entregar documentos. Éramos unas cincuenta personas. Los que habíamos viajado con él en ocasiones anteriores sabíamos que conectarse en meditación era lo más importante, pues ése había sido el motivo del viaje. Por eso esperamos. Veinte o treinta minutos después, ya en proceso de documentación del equipaje, me acerqué a mis compañeros que hablaban con él y vi que se abrazaban. En un momento dado, José Luis me miró y se aproximó a mí diciendo con alegría: "Amigo, ¡lo logramos!", y me abrazó. Yo quedé sorprendido, creo que no me daba cuenta de lo que estaba pasando. Era algo que me ocurría seguido en esos viajes, me daba cuenta tarde de lo que estaba ocurriendo; después comprendí que el motivo energético del viaje había sido logrado. Me hallaba profundamente conmovido. Lo vi tomar asiento, nuevamente en silencio y conexión y, minutos más tarde, me acerqué a él. Había lágrimas en mis ojos. Me puse en cuclillas, ya que él estaba sentado, y le dije: "Maestro, yo no sé qué estoy haciendo aquí". A lo que me respondió: "No te preocupes, lo estás haciendo muy bien". Nos abrazamos.

Más fuerte y diferente fue la experiencia en Sudamérica. En los países de aquella región quedó plasmado un inmenso dolor y sufrimiento a causa de las dictaduras militares instauradas entre los años setenta y finales de los ochenta. Nosotros Íbamos a trabajar energéticamente. ¿Cómo se hace? Es inenarrable, ya que no es un método escrito en un manual, ni basado en el raciocinio; sólo diré que consiste en sensibilizarse en el lugar y actuar en correspondencia con las diversas informaciones y sensaciones que llegan para transmutar la energía flotante, cosa que el maestro dominaba. Lo puedo completar simplificando: se trata de abrirse a pensar con el corazón y sentir con el pensamiento.

Así siguieron las experiencias, algunas gozosas y otras enfrentando miedos. Dos años después él moriría. Enfermó y, tras unos meses de convalecencia, dejó el cuerpo en junio de 1992. Yo lo visitaba durante esos últimos meses y, en una de esas visitas, me dijo: "Ya me voy, amigo, me voy porque sólo me están viendo a mí. Es necesario que ahora se miren a ustedes mismos". Luego estuvimos en silencio, hasta que nos distrajo el sonido que hacía un insecto que, en su vuelo, chocaba repetidamente contra las paredes internas de la lámpara encendida colocada en el buró: "Así es el humano, amigo", me dijo con una tenue sonrisa.

La conciencia de la impermanencia

Sea mi voluntad vivir este universo fecundo.
Vagar con el vagabundo y compartir con cualquiera.
Porque el día en que yo me muera, se va a terminar el mundo.

"Canto de un dios", canción de Enrique Quezadas

Al reconocer nuestra personalidad como manifestación efímera, es útil aceptar que seremos olvidados al paso del tiempo. Al respecto, la consciencia de la impermanencia es un agudo enfoque de la filosofía budista. Nos recuerda que todo lo que existe tiene un principio y un final, que nada es eterno; sólo el cambio y la transformación son permanentes. Aceptar esta verdad es fundamental para la cimentación de la paz interna. La aceptación de este principio es dolorosa; sin embargo, resistirse a esta dura realidad es también causa de dolor. El cambio anima la constante transformación del cosmos. Nos encontramos unos y otros en el marco de la impermanencia, una constante universal.

Dejar ir, soltar, desapegarse, desprenderse como ejercicio cotidiano es una disciplina que, de ser practicada, nos forma y nos enseña acerca de la danza de la vida. Aprendemos que somos seres efímeros que, en un momento dado, seremos devueltos al vacío de donde todo ha emergido de manera misteriosa. La práctica del desprendimiento de nosotros mismos forma parte de esta filosofía y, a veces, se encuentra en meditar acerca de la naturaleza que nos envuelve; el contacto con la realidad de la muerte nos enseña a valorar el presente; siempre es ahora, lo fue en nuestro nacimiento y lo será al momento de morir.

Memento mori, que significa "recuerda que morirás", es una frase en latín que refiere su origen a la antigua Roma, donde se usaba para recordarles a los líderes militares, cuando marchaban victoriosos, que eran sólo hombres. Se les decía al oído por cuenta de un siervo para evitar su soberbia y banalidad. Ha trascendido la frase acompañada de su complemento, *memento vivere*, y el resultado de unir las dos expresiones sería: "Recuerda que morirás, así que acuérdate de vivir".

Hace unos años vi un video donde un grupo de monjes budistas tibetanos habían sido invitados a la Casa Blanca para crear un hermoso mandala. Fue bellamente formado con arena de diversos colores que se producen limando figuras cilíndricas parecidas a un lápiz; la labor fue emprendida con minuciosidad y esmero durante varios días. El resultado fue de una belleza impresionante. Era una muestra artística de geometría sagrada. Danzas y música anteceden el ritual, y al empezar a diseñarlo se acompaña de mantras en tonos graves y cantos. Una vez que el personal de la Casa Blanca lo admiró, incluido el presidente Obama, llegó el momento en que los monjes lo destruyeron, lo cual complementa el ritual; es una demostración de lo efímero de nuestra existencia, lo fugaz de nuestra realidad. Todo lo que surge, luego se desvanece.

Ocurre que estamos más identificados con la aventura humana que con nuestra impalpable esencia. Así es vivir. Nuestra individualización como ego es presencia momentánea que mantiene vivos nuestros afanes existenciales; así es para los humanos, así es con todo lo viviente. Pero muchos de los vivos experimentamos que, más allá de la carne, somos una hebra de la manifestación del todo. Ése es nuestro origen. El trabajo de contactar con la voz de la consciencia ayuda poco a poco a darnos cuenta y podernos decir: no confundas tu experiencia con tu origen.

La cara de Dios está oculta, al menos para la gran mayoría, y al mismo tiempo se manifiesta en millones de rostros, en risas y llantos, en saltos y caídas, en pasiones y desazones. Por descifrar lo indescifrable, salimos de donde surgen las montañas, las selvas y los vientos; somos en nuestro movimiento una danza, donde el verdadero bailarín está oculto. A veces se puede sentir más que comprender esta fastuosidad, al escuchar el silencio en los siglos del mar.

Todos los conocimientos se desvanecen en la transparencia, todas las verdades danzan hacia la desaparición de los conceptos. Así, el que busca, busca su espíritu y se acerca a la propia sutileza, mejor definida como El Maestro. Quien se acerca a la sutileza comprende que el Maestro vive en el interno, le da miedo acercarse a la nada porque teme que su nombre desaparezca.

[Fragmento de la novela *Santa*, de Enrique Quezadas]

Hay personas que brillan con luz propia. En todas las etapas de la civilización, las ha habido. Las conocemos por su maestría al expresar los misterios y destinos humanos, las distinguimos también por su elegancia al ejecutar la danza de la vida. Son maestros y vienen a nuestro mundo a servir como brújula para el buscador. No todos los hombres y mujeres están para prestarles atención y oídos, ya que viven en momentos en que no les es necesaria esa interiorización. La mente humana juega en diversos modos el juego racional, a veces de manera aguda donde todo debe ser comprobable para creerlo. Eso está bien, ya que las diversas creencias humanas muchas veces son producto de la imaginación de un grupo que convence a sus allegados, usando severas condenas para los escépticos. Pero no siempre es ni fue así; hay maestros reales en toda la extensión de la palabra que nos acercan a respuestas cercanas a saber más de nosotros.

৯ Máximas ৯

৯ Tu cuerpo es tu templo, es tu casa, es tu nave, Un cuerpo sano se pone alegre solito; la alegría y la salud caminan juntas. Cuidarte es quererte, abrázate.

↩ Qué sería del mundo si se la pasara dándome gusto, cumpliendo todos mis deseos. Qué sería del mundo si me mostrara sólo lo que me gusta. El mundo es lo que es y lo que está. Sólo hay dos opciones: fluir o engancharse. Tú eliges.

↩ Todos tenemos una sombra. Esa sombra no necesariamente es mala, es una parte nuestra que no es fácil vislumbrar; no está iluminada, es inconsciente. Emprender un encuentro con esa parte tuya te lleva a conocerte.

↩ No tienes que portar una idea religiosa determinada para tener un encuentro con lo sagrado en tu vida. Distinguir lo que es sagrado en tu vida es vital para seguir tu camino.

↩ Cuando piensas en paz, piensas diferente. Cuando comes en paz, el alimento se integra en nutrientes. Cuando hablas en paz, quien te oye lo siente. Cuando escuchas en paz, oyes a la gente. En paz resuelves de modo consciente.

↩ La energía es neutra y anima diversos aspectos que percibimos nosotros como realidad; de la manera en que uses tu energía depende cómo la experimentes. El amor es una energía que atrae dicha, pero hay que hacerle un lugar por dentro. Para hacerle un lugar hay que vaciarse de un sinnúmero de creencias y muchos "deber ser".

La gratitud

Agradecer

Cuanto más consciente se vuelve una persona, más se da cuenta de la vastedad que la rodea; comprende que, a nivel personal, nadie es causa de sí mismo, es decir, no es nuestra personalidad quien nos dio la vida, sino que fuimos creados por algo indefinible. La consciencia de sí en primera instancia es autodescubrimiento: el individuo se ve con extremidades que le permiten desplazarse y asir objetos, con la capacidad de hablar y de escuchar, como un bebé. A veces le sucede un empezar a ser consciente, descubre que algo extraordinario ha ocurrido aquí y se vive como parte de esa manifestación con inocencia y asombro; es un proceso gradual, poco a poco, darse cuenta.

Este asombro de ser bien se puede volver agradecimiento, gratitud a todo lo que se mueve y nos mueve, una reverencia a la vida. En ese momento el ego se hace pequeño, casi se desvanece y sólo existe para percatarse de que somos un trozo, una fracción de la gran obra. Hemos sido forjados para formar parte del guion —sin ti la obra estaría incompleta— como un plan universal que danza en la gran coreografía del cosmos, donde es la vida la gran hacedora. Todo está ocurriendo en todas partes. El ego altivo deja de desafiar al todo cuando asume una actitud contemplativa. Ante la grandiosidad, la gratitud crece en el corazón y doblega el ego. Pero, a veces, se necesitan muchas vidas para que el ser viviente llegue a esa experiencia.

Ante este reconocimiento, el de ser parte de la gran obra, llega a ocurrir que algunos miedos comunes se enfrentan, se procesan. Aparece entonces la generosidad como expresión de gratitud hacia la vida, las personas que la encarnan se desplazan ligeras de equipaje, alejadas de autoelogios y esparciendo entre sus cercanos lo mucho recibido. Además de reflejar una reverencia ante la vida, la gratitud también puede expresarse a las personas. Cuando se manifiesta de esta manera está implícito el respeto al otro, ya que respetar atrae una cualidad diferente al desplazarse por la vida, al reconocer un mismo origen en los demás.

La gratitud se puede expresar en la cercanía de la pareja, comunicándole la alegría de contar con él o ella en tu vida. No ocurre lo mismo cuando la relación está basada en el reclamo, ahí la atención está en otro lado. En ese tipo de relación no se agradece y, a cambio, se pide, se exige. ¿Qué puede agradecer un exigente? El reconocimiento grato se puede expresar a los amigos, a los padres, a quien nos da trabajo. A veces, decir "gracias" cambia la perspectiva de una relación.

La experiencia de agradecer te acerca unos metros a una felicidad sostenida en un encuentro más pleno con los otros. Dar las gracias es saludable, la gente vive más ligera, la gratitud es compañera de viaje de la amistad, es uno de los colores del arcoíris del amor y ayuda a enfrentar algunos miedos.

Y es que el miedo está presente en todos los rubros de la actividad humana. Es lo opuesto del amor, no es el odio como se piensa. El que odia está lleno de temor. En cuanto al miedo hay que aclarar algo: hay un miedo útil, un miedo real que nos provee de herramientas para la sobrevivencia, nos aparta del peligro, ese miedo es nuestro aliado. Pero hay otros miedos, miedos imaginarios que obstaculizan el desarrollo personal. Hay otros que en ocasiones se manifiestan sin forma determinada, como una tristeza antigua, una falta de confianza hacia todo lo que nos rodea. El temor se puede convertir en algo cotidiano, que ha estado a nuestro lado tanto tiempo que se hace invisible, pero está presente en nuestra percepción de lo que sucede. Se manifiesta como angustia o ansiedad, se siente en la biología interna como un malestar permanente. Recuerdo que mi maestro puso especial énfasis en localizar los miedos de cada uno de nosotros para enfrentarlos. Se hace a veces gradualmente, pero en ocasiones también con la entereza que requiere un momento de arrojo. El miedo subyace en la mentira, se miente por temor. Vive el miedo en la no aceptación de sí mismo y tiene muchas formas. Vivir con miedo es vivir amenazado. Muchos temores se llegan a trascender en grupos terapéuticos. La cohesión que promueve el terapeuta será una gran herramienta de apoyo y contención para que los integrantes superen sus viejos temores. Por otro lado, la práctica de la meditación es también muy útil porque, en sus muchas formas, establece contacto con el estado del organismo, hay miedos localizados en lugares del cuerpo. Dicho contacto empieza a generar un interés más creciente por el cuidado físico y se traduce con el tiempo en salud. Algunas personas manifiestan esa atención a la realidad corporal de manera casi directa, pero hay individuos a los que cuesta mucho trabajo tomar consciencia de este nuestro cuerpo, nuestro envase, nuestro instrumento de vida. Cuidar al organismo es una manera de agradecer lo recibido, porque es un préstamo que nos hace la Tierra.

A veces, la práctica de la gratitud hace que se eleve la mirada al cielo. Para ejercer esta forma de agradecimiento hay que ubicar un poder superior, el que tú elijas. Si no eres adepto de ninguna religión puede ser el universo o la naturaleza. Existen vidas ejemplares que sostienen permanentemente un estado de "gracias a la vida", como bien lo cantó Violeta Parra, la gran compositora chilena. Es un estado de gracia, una devoción ante el hecho de existir.

Cuando Carl Jung estaba próximo a morir se recluyó en su casa. Le quedaban unas pocas semanas para el fatal desenlace. En algunos momentos tenía la energía para dar un paseo en su automóvil, como despidiéndose de las cosas del mundo. También pasaba algunos momentos en la terraza de su casa mirando silenciosamente el lago. El 17 de mayo de 1961 sufrió una embolia, un coágulo en el cerebro. Sus acompañantes advirtieron en él una cierta dificultad al hablar y, aunque se recuperó, su salud iba poco a poco decayendo. Después, permaneció la mayor parte del tiempo en su alcoba. Ahí tuvo algunos sueños, en uno de los cuales vio una escena donde una buena parte de la Tierra estaba destruida. "Gracias a Dios, no todo", comentó. Una amiga cercana a él que estuvo acompañándolo relata:

> Durante los últimos días vivió en un mundo lejano y veía en él cosas maravillosas y soberbias que soy incapaz de describir. A menudo sonreía y era feliz, y cuando nos sentamos por última vez en la terraza habló de un sueño beatífico que había tenido. Dijo: "Ahora conozco la verdad y sólo me resta saber una pequeña parte de ella; cuando la conozca, estaré muerto".

Fue sorprendente cómo vivió Jung sus últimos días. A veces se le veía incluso contento. En sus memorias se lee:

> La vida siempre me ha parecido como una planta que vive de su rizoma, su verdadera vida no es visible, se esconde en la raíz. Lo que se ve por encima del suelo dura sólo un verano, después se marchita, un fenómeno efímero. Si se piensa en las generaciones y procesos de la vida y de las culturas, se tiene la impresión de una nulidad absoluta, pero yo nunca he dejado de experimentar el sentimiento de algo que vive y subsiste bajo el cambio eterno, lo que uno ve es el retoño que siempre perece, la raíz subsiste.

Acercarse a la muerte experimentando las molestias de una enfermedad y manteniendo el pulso de una idea del mundo generada en la salud no es cosa fácil. Carl Jung sostuvo hasta sus últimas horas una contemplación fascinada con el proceso de existir. Fue algo que siempre le sorprendió. Cuando un ser así siente que se acerca al final de sus días y asume lo que le ocurre con entereza, viene la paz, ingrediente necesario para expresar gratitud por lo mucho que se ha recibido.

Todo es perfecto

Probablemente, la falta de gratitud a la vida provenga de los fracasos y errores experimentados. Así, la mala fortuna se le reclama a la vida, de ahí la expectativa de que somos perfectibles, mejorables.

La idea surge de la constante dualidad de la realidad humana. Clasificar todo como bueno o malo, blanco o negro, me gusta o no, feo o bello, éxito o fracaso. Ya he expuesto en renglones anteriores acerca de esa dualidad manifiesta en nuestro mundo.

A veces se vive con la sensación de haber fallado: sentimos que no logramos nuestros objetivos, nos dolemos con la vida, la culpamos, no tenemos mucho que agradecer. Es entonces cuando aparece la insatisfacción. No hemos comprendido aún que el paquete de vivir viene completo, incluye un todo, existe el lado A porque existe el B.

En el siglo XVII René Descartes disertó acerca de lo que existe en sí mismo llamándole *sustancia*; la define como algo que no necesita de nada para existir, que depende sí misma. Esa sustancia, que no necesita de nada para existir, la identifica con Dios. En esos mismos tiempos Baruch Spinoza, filósofo neerlandés, cuyos libros llegaron a ser prohibidos por la Santa Inquisición, arguye que la sustancia que nos conforma es la misma, y que nuestra materia y pensamiento son una parte de la única sustancia que existe, Dios. Spinoza presenta entonces a un Dios que más que crear las cosas se transforma en ellas. Los que existimos, dice Spinoza, somos una partícula de Dios, es decir, todo: animales, ríos y mares, montañas y rocas, planetas y universos. Pensar que tenemos el mismo origen le da sentido a una antigua frase cristiana: ama a tu prójimo como a ti mismo.

Ya después el filósofo nos dice que la naturaleza no tiene metas, no persigue un objetivo determinado, porque no carece de nada; es ahí, en la naturaleza; donde está lo que está y es lo que es. Todo lo que ocurre es entonces una expresión, un aspecto de Dios. La naturaleza tiene un orden y pertenecemos a ese orden, la naturaleza no es perfectible, nosotros tampoco. Mi lector preguntará: ¿qué estás diciendo? ¿No puedo ser mejor? La respuesta es: no. Pero sí te puedes sentir mejor y te la puedes pasar mejor, de eso se trata este libro.

La cultura occidental nos invita constantemente a querer ser otros, buscando ser mejores, luchando contra los demás que quieren ser mejores también. La insatisfacción nos lleva a indagar dónde buscar y encontrar información para descubrir lo que está oculto y que me revelará cómo ser feliz, cómo ser exitoso. Está muy bien aprender, la información efectivamente es útil para transitar por la vida: cursar una carrera, poner nuestra atención en desarrollar conocimiento es apasionante; es hermoso pensar, forjar, crear y ver el resultado manifiesto, vivir sorprendido y asombrado. Lo veo en aquellos científicos y artistas que se entregan totalmente a su apasionante labor.

Pero llenarte de información no te va a volver más sabio. Si así fuera, los grandes filósofos o científicos serían muy felices. Sin embargo, la realidad es que también pueden ser infelices. La vida no se aprende, se practica, de ahí la posibilidad de llegar a ser sabios. Hay personas que han leído una biblioteca entera y no por eso tienen una vida plena. A veces quien no hace mucho ruido —la gente simple, gente modesta— no se provoca a sí misma tanto sufrimiento, pues es poseedora de una naturalidad para no complicarse la vida, una sabiduría interior, que se traduce en sencillez.

El trabajo mental a veces brega con un hacer para merecer; sin embargo, aunque siempre la causa y el efecto están vigentes en nuestro actuar, curiosamente no siempre se tiene lo que se cree merecer. Mi lector habrá observado múltiples casos en los dos sentidos: personas que logran mucho haciendo poco y otras que logran poco haciendo mucho. En estos últimos la situación es multifactorial, incluye desde condiciones de competencia, a veces desfavorables, actos inconscientes de autotraición, hasta el desconocimiento total de sí mismo, donde se olvida *ser* y pone la atención en *hacer* para buscar un crecimiento o un reconocimiento. Pero *haces* y *tienes* porque *eres*. Te sugiero que no dejes de prestar atención a que ya *eres*. Eres un aspecto de esa sustancia mencionada renglones atrás. Cuando lo haces dejas de buscar el reconocimiento por fuera. Buscamos fuera la vastedad que llevamos dentro, porque no nos percibimos, no nos conocemos. Hay tanto ruido en la lucha por conseguir algo como para hacer contacto con la quietud y el silencio interno que, en sí mismo, mediante la paz, nos acerca a una vida que incluye también logros que se dan por añadidura. Pero, por supuesto, puedes luchar, hacer y deshacer, competir, ganar y perder. Las dos experiencias son perfectas.

Creo en la abundancia, sí, pero no olvido que la acumulación de riquezas y bienes materiales no conlleva una felicidad automática. Hay muchas personas que han logrado atesorar fortunas y aun así son infelices. Estos individuos tienen cosas, pero no se tienen a sí mismos. De hecho no tienen a las cosas, las cosas los tienen a ellos. No promuevo la pobreza, me gusta la abundancia y su conexión con la generosidad y la alegría, por eso estoy en constante discernimiento entre lo falso y lo cierto. La abundancia como energía sirve para darnos cuenta de la vastedad universal. Entonces elijo primero ser consciente, y lo segundo ocurre solo, al no obstaculizarlo.

Pero, ya en el campo de la lucha, no podemos engañarnos, hay gente —la mayoría— que nace con evidentes impedimentos sociales

para generarse una vida digna. Muchas veces "echarle ganas" no es
suficiente. Es ése el factor social mencionado renglones atrás y no
puedo ignorar su importancia. En India, hermoso país, con una espiritualidad milenaria, hay también una pobreza que afecta a cientos
de millones de personas, lo mismo ocurre en Latinoamérica y África.
Como civilización despierta nos corresponde entender que la falta
de mesura y la acumulación inmoderada de bienes está relacionada
con la codicia y ésta con la cultura de la ignorancia. Existe pobreza
porque hay una ambición desmedida de crecimiento corporativista.
La sociedad y las condiciones políticas se irán transformando con-
forme sus componentes humanos sean más conscientes.

Imaginar nos lleva a generar sistemas de conocimiento para
transcurrir nuestra experiencia de modo cercano a lo certero. A esta
constante interpretación de lo que se vive y su lucha por "la felicidad" don Miguel Ruiz, en su libro *Los cuatro acuerdos*, le llama "el
sueño del planeta". Hay otros modos de nombrarlo; en el hinduismo se le conoce como "maya" y significa ilusión o engaño. En esa
"maya", la persona pasa la vida lidiando con ilusiones. La concepción está ligada al tejido del karma. Por otro lado, hoy se habla de la
"matrix" en esta expectativa de que lo que vivimos como realidad es
una especie de fantasía o proyección, algo ilusorio. Sea cual fuere
la naturaleza de lo que nos rodea, consideremos que gran parte de la
humanidad vive en actitud de rebaño; habrá que tomar en cuenta
que el problema no es morir, sino morir sin haber vivido.

El maestro Eckhart Tolle, a través de sus libros y diálogos, nos
habla de una noción de eternidad. La eternidad, tal como él la explica, no es una vida interminable; es un no-tiempo a partir del cual
se despliega lo que nos envuelve como seres humanos. Para comprender mejor esta idea, nos ayuda conocer experiencias personales que den noción más clara de lo que ocurre y no es tan evidente
para todos. Con este fin, me permito relatar lo siguiente: en un atar-
decer, hace pocos meses, durante una siesta experimenté mi cuerpo

dormido a mi lado. Aunque sentía mi organismo profundamente tranquilo, yo no estaba ahí. La instancia desde donde me percibí estaba a un costado. Esa parte mía tenía una cualidad de medidas de tiempo y espacio lejanas a las que conozco, una silenciosa sensación de eternidad, un presente siempre continuo. Esa presencia era *más yo que yo*. Me quedó la sensación de que mi persona era uno de sus múltiples asuntos, cual si mi vida fuera de su propiedad, pero era yo al mismo tiempo. No había pensamiento alguno, era otra verdad sumamente contundente, como si todo lo que me pasa en esta experiencia no fuera tan real y lo verdaderamente real fuera esa percepción exterior al cuerpo. Es así como lo puedo definir. Cada vez que lo recuerdo tengo la sensación de estar ahí, más allá del tiempo, como si lo que conozco de mí fuese una fracción de esa presencia. Ahora sé que no es que yo tenga un alma o espíritu, sino que esa presencia indefinible me tiene a mí, es mi ser superior. Eso abona a mi gratitud.

Ejerzo mi gratitud al todo por la posibilidad de ser, por existir. Una vez que eres, subes y bajas, vas y vienes, agradeces el blanco porque conoces el negro. Es una dicha elevada que emerge sobre la alegría común; es como el amor universal: una sensación de dulzura irrenunciable e indestructible. La gratitud se lleva bien con la alegría, se riega bajo el mismo sol, es una carta de amor escrita desde la humildad, una conversación con la vida.

Recibimos vitalidad, pero no siempre la sabemos compartir. Compartirla tiene que ver con devolverla al mundo; es como volverse un espejo que refleja la luz recibida. El egoísta no puede resonar esa luminosidad, pues guarda esa alegría para sí, es una alegría solitaria, y si no hay con quién comentarla está destinada a apagarse, ¿cómo festejarla en soledad? Por eso el egoísmo es triste. Ésa es su naturaleza. La gratitud es el reconocimiento de haber recibido; quien no agradece es porque no reconoce haber recibido nada. Al egoísta siempre le falta algo, no se conforma con poco, está destemplado. Lo grato radica en la percepción, en cómo se mira lo que se tiene enfrente. Lo puedes comprobar tal vez en tus relaciones cercanas: distinguirás seres cuyo discurso es el señalamiento y el reclamo. Es como si una carga interna se reflejara en su decir cotidiano. Cuando la ansiedad y carencia moran en la experiencia de vida no se agradece a nada ni a nadie; se resiste entre las sombras, se sobrevive.

Vivir una vida llena de luchas nos separa de la gratitud, ya que siempre aparece el juicio. Al tratar de mejorar el mundo, según nuestra visión e interpretación, podemos terminar muy agotados, y eso es perfecto, como lo señalé renglones atrás. Cierto que optamos por hacer lo correcto, pero sólo estar venciendo oponentes o visiones termina a veces por alejarnos de los demás, que también luchan. Es verdad que las cosas pueden transformarse, en especial las que dependen directamente de nuestras decisiones y vidas, y a veces lo logramos, pero en ocasiones no es posible. Los seres humanos vivimos en ese vaivén, así es el juego.

Poco a poco en esta relación pendular con la vida, la persona se templa y, mediante el silencio interno que brinda la contemplación y meditación, empieza a situarse en lo que he llamado el "testigo de mi pensamiento": un observador que se ubica en la unidad y no en polaridades. Entonces puede hablarse de habitar la no-dualidad, es decir, la aceptación de que todo, en absoluto, proviene de una fuente primordial.

Puedes preguntarte: ¿qué no se pierde acaso el sabor de la vida cuando se diluyen los deseos y las metas?, ¿las ganas de forjar un destino? La única respuesta que puedo dar a semejante cuestionamiento es que hagas lo que amas hacer —para eso es la vida—, pero hazlo siempre pisando el trayecto presente. Fijar la atención en una meta es atender al futuro, y la vida es hoy. Lo demás está por ocurrir, es una expectativa que, incluso, puede no cumplirse. Encontrarás miles de cursos y métodos para cumplir tus sueños o tus metas; la expectativa es que de esa manera lograrás ser exitoso a futuro. He escuchado frases similares a "Ahora que nos casemos seremos muy felices" o bien "Cuando termine mi carrera podré ser feliz". Entonces la felicidad se posterga, cuando lo que hay que descubrir es cómo ser felices hoy, ser feliz en el trayecto, ser feliz por ser.

Se vive una constante amenaza a no lograr los objetivos planteados. Dicha vivencia puede ser consciente o inconsciente, pero ahí está. Entonces la pregunta que surge es: ¿se puede acceder al placer y al amor viviendo amenazados? Le creo por eso más al *ahora*, es en lo único que creo. Sé que todos planeamos, así es la mente, sólo soy consciente de que todos esos planes son una intención, una utopía, y ciertamente tenemos derecho al delirio. Todo es utópico. A este respecto viene a mi memoria lo que comentó el poeta Eduardo Galeano en una entrevista. En ella, rememoró la respuesta de su amigo Fernando Birri, director de cine argentino, a quien le preguntaron que para qué sirve la utopía; dicho director respondió:

> La utopía está en el horizonte, yo sé muy bien que nunca la alcanzaré, que si yo camino diez pasos ella se alejará diez pasos, cuanto más la busque menos la encontraré, porque se va alejando a medida que yo me acerco. Buena pregunta; la utopía sirve para caminar.

Caminar en el asombro es mi elección. Por el contrario, la pretensión de controlar el mundo a través de ideas y convicciones a veces me ha confundido. Claro que realizo una visión. Es como una danza: tratar de controlar lo que no tiene control me lleva a aceptar. Aclaro que aceptar no es conformarse. Si lo puedes cambiar, cámbialo; si no puedes, acéptalo. Pelearse constantemente con lo que es resulta doloroso porque ya existe así. Danza, agradece la oportunidad de danzar, baila lo que te toca bailar.

Desaparecer

En la película *Billy Elliot* hay una escena que me marcó de manera especial. El protagonista es un muchacho de unos 15 años, perteneciente a la clase obrera irlandesa quien expresa su vitalidad a través del ballet. Después de innumerables desafíos, Billy llega a Londres para presentar un examen que le permita ingresar a una importante escuela de danza. El joven es poseedor de un talento extraordinario, aunque aún no ha sido preparado por experimentados maestros. Al terminar la prueba, los jueces hacen anotaciones calificando su ejecución. El chico se dirige a los camerinos y, poco después, ante el jurado calificador, una maestra le pregunta: "Billy, ¿qué te pasa cuando bailas?". Tras unos segundos el joven responde: "No lo sé, maestra. Olvido todo. De alguna manera, desaparezco".

Del mismo modo, cuando el concertista está ejecutando su instrumento de manera magistral, desaparece; no está en el futuro ni en el pasado. Lo mismo ocurre en el patinaje artístico sobre hielo: es el ahora lo que importa. Cuando el corredor está rompiendo un récord, desaparece. Esto les sucede también a los científicos, acontece en toda actividad creativa. Somos tomados en ese momento por la vida; somos el instrumento para que ocurra todo lo que pasa y pase todo lo posible.

Hace poco mi esposa, Lupita, y yo hicimos un viaje con unos queridos amigos. Durante el trayecto en auto conversamos con el hijo de estos amigos: un chico de ocho años de nombre Marco. El niño es poseedor de una mente inquieta y obsesiva. Cuando su engranaje interno de pensamiento se pone en marcha no se detiene, no puede ni quiere parar. Resulta complejo lidiar con su velocidad creativa y obsesiva. Como psicoterapeutas, mi esposa y yo nos sorprendimos de la gran capacidad del infante y de las posibles ventajas y disfunciones de una vida con esas características mentales. Cabe agregar que el pequeño Marco manifiesta una implacable y amorosa energía; no le cuesta ningún trabajo el contacto y la confianza cuando así lo siente su pequeño y palpitante corazón.

Llegó un momento en que invitó a mi esposa a su fiesta de cumpleaños, dándole la fecha, día de la semana y hora en que se realizaría el festejo. Faltaban tres o cuatros meses. Mi esposa le contestó que lo apuntaría en su agenda para recordarlo y decirle si podría asistir porque en ese mismo mes ella también cumplía años. Eso dijo al pequeño dándole la fecha. "Sí puedes venir a mi fiesta", comentó el pequeño y agregó: "Tu cumpleaños cae en miércoles y el mío en martes". "¿Cómo sabes que cae en miércoles?", preguntó Lupita. "Yo lo sé", contestó el niño. Mi esposa y yo abrimos el calendario del teléfono celular sólo para comprobar que Marco había acertado: el cumpleaños de Lupita caía en miércoles. Ambos nos miramos sorprendidos. En ese momento su padre, mi amigo Leopoldo Mendívil, quien venía al volante, nos comentó: "Él sabe siempre qué día de la semana fue o será en cualquier fecha en un rango de dos o tres años hacia atrás o hacia delante". Sorprendido, consulté en mi calendario la fecha de mi cumpleaños en 2023 para la cual faltaban unos ocho meses. "Marco, ¿qué día de la semana será?", le pregunté al pequeño. "Sábado", respondió acertando nuevamente. "¿Cómo es qué lo sabes?", quise saber, azorado. "Sólo lo sé", respondió inquieto jugando a chocar su espalda contra el asiento. Entonces les dije a sus padres: "Este niño puede terminar en la NASA. Estaría bien llevarlo a un colegio para niños con habilidades especiales". Ellos sonrieron asintiendo. Más tarde y a petición de su papá, el pequeño Marco nos narró una buena parte de la *Odisea* de Homero. En algunos momentos yo lo interrumpía para preguntar por algunos detalles que conozco del relato y siempre respondió de manera acertada. Para eso no se estudia, se nace. Es cierto que aprender es maravilloso, pero hay cosas que se traen. Estoy señalando cómo la vida se expresa en nosotros de manera contundente. La vida nos toma y somos irrepetibles. Algunas personas tienen estos dones, otras poseen otros, pero hay que hacerle caso a la habilidad latente en el ser y qué mejor que en los niños, porque a veces los padres o las escuelas no saben qué hacer ante este tipo de eventos y, de alguna manera, regulan a los pequeños convirtiéndolos en "personas normales". He estado cerca de niños, adolescentes y adultos poseedores de habilidades en diversas áreas, sobre todo en las artes y ciencias, y he visto la respuesta del entorno que muchas veces resulta domesticadora. Una de las propuestas fundamentales de este libro podría expresarse así: pongámonos al servicio de la vida y no tanto de las ideas.

Hay una carta de Wolfang Amadeus Mozart donde habla de la música que reside en su interior. En un programa de televisión donde conversaron los escritores Jorge Luis Borges y Juan José Arreola, entre otras personalidades, se aludió a ella. En esa carta el compositor afirmó: "Esto crea en mí, yo no escribo música, la música sale sola". Mozart, según algunos biógrafos, escribía su música sin borrar, como si alguien le dictara, como si él fuera el canal universal a través el cual el Universo se expresara. ¿Para quién? Para nosotros, que somos el Cosmos escuchando.

En la actualidad hay personajes así. No siempre los vemos porque son difíciles de distinguir entre miles de millones. Se diluyen en la gran cantidad de movimiento en redes sociales y medios de comunicación. Pero esos genios están aquí, porque la vida los produce hoy como lo ha hecho en otros siglos. Personajes trascendentes como Miguel Ángel, Beethoven, Da Vinci, Vincent van Gogh, sor Juana Inés de la Cruz y miles o decenas de miles más siguen naciendo. Ésa es la vastedad que nos rodea, y cuando esa grandeza se percibe sólo nos queda agradecer.

Agradece ser quien eres antes de criticarte o exigirte, antes de no aceptarte. La posibilidad de todo es siempre manifiesta. En ocasiones, la gente que atraviesa por alguna situación difícil prefiere una determinada condición sufriente que morir, ya que al menos existir da la certeza de ser y estar

Vivir no es fácil. De hecho, el budismo enseña en la primera de las cuatro nobles verdades que "la vida es sufrimiento", aunque también hay traducciones que lo resuelven como "la vida es insatisfacción". Pero no es sólo eso, hay mucho más. Asumo que el dolor es parte de nuestro estar aquí, esa posibilidad está siempre latente, la frustración es siempre amenazante y no saber lidiar con ella nos lleva a vivir con un dolor permanente, así que fluye, siempre fluye.

En México existe un dicho que reza: "Éramos muchos y parió la abuela", aludiendo a que las dificultades siempre están asomando la cabeza, como si lo que se vive no fuera suficiente. En efecto, las cosas se pueden complicar más. Por eso hay que sembrar paz como un estado y reflejo constantes, porque la vida es intensa. Tal vez lo hayas notado: a la gente que le va bien, le sigue yendo bien y, en contraste, hay historias de vida que son una verdadera cadena de desgracias. Cuando el individuo sufre o goza, de alguna manera lo expele en un estado cíclico asociado con su condición, se atraen o repelen experiencias concordantes. Cuando se sufre es difícil expresar gratitud, se cae en una inercia, se añaden cuentas a un collar de sufrimiento cíclico permanente.

Drama o comedia, todo está ocurriendo en todos lados al mismo tiempo. La energía que emana el espacio-tiempo se podría calificar como pura o neutra. Y es la condición de lo que se vive la que le da una coloración dual, de ahí las experiencias. Esther Hicks, autora y oradora conocida por su trabajo en el campo del desarrollo personal y la espiritualidad, ha transmitido inteligentes mensajes inspirada por un supuesto grupo de entes espirituales a quienes nombra "Abraham". Esther hace contacto con estos entes y comunica algunos de sus mensajes y enseñanzas. En uno ellos da el siguiente ejemplo, que redacto como lo recuerdo.

Haz de cuenta que quieres contactar una estación de radio cuya frecuencia es 96.1 FM, no la encuentras y desesperadamente te quejas de

no poder sintonizarla. Al mismo tiempo, tu situación de vida que conlleva una queja o dolor está vibrando en 88.6 FM, es entonces una clara
dificultad el querer contactar con una frecuencia con la que no eres
compatible, ya que la misma queja la reproduce.

Tal como lo ilustra la cita, querer vibrar alto no es vibrar alto.
Añorar una condición no es vivirla. Es posible levantarse de una
situación así, pero la mayoría de las veces habrá que entender que
es un proceso y, como tal, no es inmediato. Las circunstancias de
confusión y enojo sostenido hacen que la persona vea lo que quiere ver y escuche lo que quiere oír. En ocasiones así la intervención
de un terapeuta hábil es importante, como lo será también la presencia de un buen guía espiritual. En cualquiera de los casos se le
mostrará al sufriente un espejo para observar cómo reproduce en
sí mismo la situación de la que se queja. Hay procesos que caminan
hacia una transformación a buen paso, otros que demoran toda
una vida. Algunos son resultado de un inconsciente familiar que se
arrastra de generación en generación. Pero cuando el guía o maestro emana una energía de amor y compasión el allegado se nutrirá
de valor, dignidad y respeto por el propio andar para superar sus
desdichas.

También, a veces, encontramos casos en los que no es posible
ayudar. En alguna ocasión, hace unos años, atendí a una mujer que
tenía muchos problemas con su esposo. La situación era ya insos-
tenible y ella estaba desolada. Al revisar las posibles soluciones le
pregunté si había considerado la probabilidad de separarse. "Yo no
le voy a dejar la casa", respondió. "Es eso lo que él quiere, que me
vaya, pero no lo va a lograr."

A veces ocurre, entonces, que negamos nuestra libertad por una
condición material. ¿Qué podríamos agradecer a la vida, condicio-
nados a ese tipo de respuestas?

La gratitud es una conversación con la vida. El cisne agradece volando, la mariposa embelleciendo el viento, el ciervo corriendo por la pradera y luciendo su hermosa cornamenta.

La gratitud no es una actitud; por eso cuando la fingimos se vuelve hipocresía. La gratitud tiene muchas maneras de expresarse, tantas como personas hay en el mundo. En algunas de las culturas ancestrales, cuando el cazador mataba a algún animal para alimentarse, acostumbraba pedir disculpas y agradecer al animal, ya que al comer su carne él podría sobrevivir. Hoy, nuestra civilización sacrifica a millones de animales de manera cruel para poblar los supermercados de carne empacada y procesada. Es cierto, necesitamos comer para vivir, pero nos hemos convertido en verdaderos verdugos del mundo animal, al que le debemos infinita gratitud. Además, ahora sabemos que dejar de consumir carne traerá efectos importantes en descontaminar el ambiente. "Que nada muera para que yo viva", me respondió mi maestro cuando le pregunté por qué no comía carne.

Agradecer es una práctica de reconocimiento. Estamos en un mundo donde nadie puede solo. Ante el problema del calentamiento global una gratitud más resonante nos llevará a tomar acuerdos para hacer frente a esta situación. Estamos rodeados de grandeza; sin embargo, estamos tan acostumbrados a ella que no la vemos. Nos hemos desensibilizado. Agradecer no es debilidad, sino un reconocimiento a la inmensidad que nos envuelve.

Podemos agradecer el éxito, el coche, la casa, el viaje, pero es más importante agradecer por ver, por oír y sentir, por ser y por vivir.

Qué gran bendición.

෴ Máximas ෴

෴ Nos mira el ojo de otra inteligencia, esa inteligencia nos tiene aquí. Toca el agua y la tierra, siente el viento, recibe el calor de la fogata. Para todo ello no necesitas accionar el pensamiento, sólo siente. Vuelve a ti.

෴ Agradece: lo importante no es lo que la vida te hace, sino lo que haces tú con lo que la vida te hace. Actúa con profundidad.

෴ Es difícil ser humilde, pues la condición humana es egoica. La única solución que he encontrado es observar la magnificencia de lo que nos rodea; entonces veo que somos pequeños.

෴ Un paso fundamental para sanar es quererse, quererse es apreciarse y aprender a valorarse. Para valorarte es fundamental aceptarte como eres, quitarte cargas, culpas y miedos, para apartarte de lugares donde no te aprecian.

Estética, ética y creatividad

El arte como liberador del espíritu humano

Hay modos de pensar que promueven la idea de que el mal es la ausencia de Dios, así como que la oscuridad es la ausencia de luz. Una antigua concepción sugiere un demonio jugando "a las vencidas" con el creador. Esta última visión la promovieron durante muchos siglos las diversas iglesias, y la respuesta fue la Santa Inquisición que, paradójicamente, cometió un sinnúmero de atrocidades en el nombre de Dios.

Pero todo lo que existe tiene un mismo origen: lo agradable y lo que no es de nuestro agrado, lo considerado bueno y lo considerado malo. Todo viene de un solo impulso creador, una potencialidad neutral por encima del péndulo. Así como la energía que mueve al Cosmos es en principio neutra, son las diversas instancias las que pueden darle a esa energía una calidad, dirección o propósito. En capítulos anteriores he abordado diversos ejemplos de esta dualidad latente en todo lo que nos rodea y su relación con el concepto de perfección. El mal y el bien como parte de la totalidad son dos polos, que podemos traducir por el momento como positivo y negativo, belleza y fealdad. La persona, cuando es muy positiva o bien muy negativa, se sitúa en uno de estos extremos. Las dos realidades son ciertas: la vida es hermosa y al mismo tiempo puede ser una experiencia terrible.

En la segunda mitad del siglo XIX Friedrich Nietzsche leyó la obra de un filósofo que acababa de fallecer. El filósofo era Arthur Schopenhauer y la obra *El mundo como voluntad y representación*; en dicho estudio el filósofo se preguntó qué es el mundo. Schopenhauer postuló una fuerza inmaterial creadora de todo lo que es manifiesto y a esa potencialidad la llamó *voluntad*. Al hablar de la otra cara del mundo, la nombra como *representación,* que es lo que aparece ante nosotros como realidad, es decir, las cosas que hemos nombrado para conocerlas: árboles, ríos, pájaros, personas. Sin embargo, advierte que la representación es ilusoria, es una apariencia, un sueño. Para este filósofo, el mundo es, en su concepción última, *voluntad,* y de ahí proviene todo, pues es la *voluntad* la que mueve todos los cuerpos. Si todo lo que existe proviene de un solo principio, entonces todos somos *voluntad*. Vamos con ello.

En principio, el reconocimiento de una energía inmaterial creadora de lo que experimentamos en la vida podría considerarse como una concepción de Dios, pero Schopenhauer no lo juzga así. Él define la *voluntad* como una energía egoísta, irracional y hasta caótica, que se recrea en todo lo manifiesto de modo insaciable e infinito; la sobrevivencia del más fuerte mediante el sometimiento y los instintos, incluida la pulsión para reproducirnos entre lo sublime y lo terrible. Es para Schopenhauer la *voluntad* la que nos da vida con dichas características, y éstas generan sufrimiento. Es la voluntad, esa fuerza inmaterial o metafísica que genera una pulsión para alimentarnos y reproducirnos y vive en todos los seres.

Nietzsche ponderó las ideas de Schopenhauer para escribir un libro titulado, en algunas ediciones, como *El nacimiento de la tragedia* y, en otras, *El nacimiento de la tragedia en el espíritu de la música*. En estas páginas habla de las formas en que esta *voluntad* se expresa en nuestras vidas, afirmando que esta fuerza responsable de la destrucción también lo es de la creación. Dicho de otra forma, esta potencia es responsable de todo lo terrible y caótico, pero también de todo lo sublime y hermoso. Nietzsche nombra a estas dos fuerzas como lo *apolíneo* y lo *dionisiaco*. La primera denominación hace referencia al dios griego Apolo, quien representa belleza, armonía y orden; la segunda se refiere a Dionisio, el dios griego relacionado con la embriaguez, la sensualidad, las pasiones y los excesos. Todos tenemos en nuestra naturaleza un lado que tiende a la armonía, la belleza y el orden, así como tenemos un lado pasional, desbocado y hasta violento. Lo que distingue al ser humano en toda esta cosmovisión es su capacidad creativa: creamos sistemas, leyes, métodos científicos e instituciones de todo tipo, y además somos capaces de crear belleza mediante el arte. Cabe mencionar que estos dos grandes filósofos tenían una acentuada dedicación a la música. Schopenhauer tocaba todos los días la flauta y Nietzsche el piano (de hecho, compuso varias obras para este instrumento).

Nietzsche hace hincapié en el arte dionisiaco, aunque no omite que hay un arte apolíneo. Para Nietzsche la música es el arte dionisiaco por excelencia, ya que es capaz de cautivar al oyente y hacerle sentir placer y dolor, tristeza, belleza, éxtasis y agonía, todo lo que la existencia incluye. Además, la música invita al cuerpo a expresarse mediante la danza, usando todos los instintos. En su análisis, Nietzsche considera la tragedia griega como una manifestación artística que representa plenamente la naturaleza de la vida, es decir, de esa *voluntad* de la que habla Schopenhauer. En la tragedia, además de la belleza del arte escénico, se revela la alegría, la pasión, el desconsuelo, la venganza, el dolor, la justicia y la eterna búsqueda de un mejor destino. En la tragedia conviven a plenitud los dos aspectos de la vida y se expresan de modo artístico. Podemos encontrar lo dionisiaco y lo apolíneo en numerosas obras griegas, como *Edipo rey*, *Prometeo* y las diversas historias acerca de Heracles (Hércules en la mitología romana), quien tenía como principal atributo su enorme fuerza. Hoy en día, estas polaridades están vigentes en la ópera, el teatro moderno y el cine.

Hay un arte apolíneo que contiene perfección, orden y belleza, pero no transita el otro aspecto de la naturaleza de la vida, la *voluntad*: en la que el arte dionisiaco ha intervenido mediante el delirio, la traición, la vehemencia y la pena de amor como parte de nuestra experiencia de vida. Fue en la tragedia donde los griegos transmitían lecciones en las que reafirmaban la naturaleza de la vida. Esto ayudaba a forjar en ellos un carácter firme, conocedor de las vicisitudes a las que nos enfrentamos los seres vivientes.

Poco después, en la historia del pensamiento y fundamentalmente de la filosofía humanista, aparecerán los existencialistas como Martin Heidegger y Jean-Paul Sartre. Ellos se hacen preguntas sobre el sentido del ser. Las posturas de los existencialistas empiezan a aludir a la responsabilidad como un pilar fundamental en el desarrollo funcional de nuestras vidas, más allá de un destino determinado.

A lo largo del tiempo, los seres humanos siempre hemos buscado respuestas a nuestras incógnitas profundas y hallamos en la filosofía hondas reflexiones que nos sirven muchas veces de guía ante los senderos existenciales. El momento actual por el que atraviesa la civilización vuelve muy oportunas estas reflexiones. A partir de ellas cada cual llegará a sus propias conclusiones y caminos a seguir, ya que lo que cada quien vive tiene que ver con el trazo responsable que le imprime a sus actos.

Schopenhauer y Nietzsche consideran a la contemplación artística, incluyendo su ejercicio cotidiano, como la única alternativa temporal ante el sufrimiento existencial. A través del embeleso que provoca la percepción de la belleza quedan momentáneamente atrás las adversidades. El arte y la ciencia son dos de las expresiones que nos distinguen de las otras formas de vida en la tierra, sólo que el arte, a diferencia de la ciencia, nos hace sentir la existencia, nos conmueve tocando las fibras más sensibles de nuestro ser. El arte, más que pensarse, se siente, viene de dentro, toma al raciocinio como herramienta, pero no como principio. Realizar una actividad artística facilita conocerse a sí mismo bajo otra perspectiva; el arte desarrolla a las personas aun practicándolo como ejercicio de descanso en las actividades diarias. Plantea finalmente Schopenhauer que el arte y la compasión son la única alternativa ante el dolor humano generado por la *voluntad*.

Ante la enseñanza de estas reflexiones filosóficas, la cultura planetaria puede absorberlas como muestra del camino del que provenimos todos como especie, ya que estamos cerrando un ciclo en el rítmico desarrollo de nuestra presencia en la tierra. He de reiterar lo expresado en capítulos anteriores: la compasión y la bondad deben formar parte del sistema educativo en todos sus senderos. Después, la reacción de cada ser dependerá de su propia resonancia reflexiva; por eso, encender una llama interna es un asunto personal.

Trabajando la propia configuración

Lo que nos puede conducir a la trascendencia es aprender a pensar como especie. Paradójicamente, lo más importante que puedes realizar en el proceso es trabajar tu propia configuración, no puedes cambiar a los demás porque es un tema individual, es asunto del yo. Hazlo contigo y hazlo por ti primero. Así como no puedes hacerlo por otros, nadie puede hacerlo por ti.

Un término que usamos en la agrupación Renacimiento Mexicano es el de *Quetzalcóatl colectivo*. Se puede entender como una "santidad civil", donde todos comprendemos, entre otras cosas, la importancia de los demás. Trascender incluye que lo que un día se arrastró como la serpiente adquiere alas para elevarse. Ésa es la serpiente emplumada. El trabajo se logra con entrega consecuente con la integración de tus prácticas en una construcción de transformación constante, siempre en un presente continuo. Es importante darse cuenta de que sólo así puedes ayudar a todo lo que te rodea.

Hay en este libro suficiente material para forjar una configuración nueva de atención a tu proceso de desarrollo personal.

Estamos rodeados de una sobreabundancia de información y ofertas de consumo, con diversas nociones de un éxito competitivo basado en la posesión de objetos, donde rara vez se incluye una mirada al interior. Este bombardeo informativo alimenta la noción de llegar primero, pero hacia ninguna parte, porque es algo vacuo. Es una competencia inventada en principio por nosotros los humanos, donde forzosamente habrá perdedores, puesto que siempre hay uno que llegó más alto.

Cuando no se conoce la propia valoración se busca el valor afuera. Se plantea entonces que hay que llegar a ser algo para ser alguien. Ese algo puede ser una carrera, una medalla al mérito, un éxito personal, algo que nos dé notoriedad en el entorno. Una civilización con estas características da como resultado lo que estamos viviendo: pocos tienen mucho y muchos tienen poco o nada. Algunas personas me preguntan si tengo algo en contra de la "cultura del esfuerzo" (así le llaman a esta lucha personal por una buena vida). Lo cierto es que no tengo nada contra la buena vida de nadie, ni contra el trabajo y el esfuerzo. Lo que sostengo es que estamos ante un problema con muchos factores a considerar y que la gran mayoría de las personas no nace con las condiciones para forjar una vida digna. Dicho en otras palabras: no basta con esforzarse. Simplemente no es lo mismo nacer hijo de un campesino que de un senador.

La ignorancia genera dolor. Es necesario transitar senderos sabios, pero no hay libros de sabiduría (los hay de filosofía, que no es lo mismo). La sabiduría se adquiere al vivir y ser reflexivo con lo que nos ha dejado actuar de alguna manera; se logra al transitar el camino con planteamientos éticos sólidos, formando principios de vida. Es momento de empezar a pensar como especie. En el proceso de esa construcción considero tres estadios humanos actualmente: 1. activos; 2. reacios; y 3. indiferentes. Dicho en otras palabras, los

que promueven la integración y la trascendencia, los que la obstaculizan por no resultarles conveniente y los indiferentes, que son
aquellos que no saben ni quieren saber. Sobra decir que no tiene
caso tratar de convencer a los que no se quieren convencer, para que
vean lo que no quieren ver.

Signos de nuestro tiempo

Mientras escribía este libro (los dos semestres de 2023), la humanidad
ha vivido realidades planetarias contundentes, entre ellas: la guerra entre Rusia y Ucrania, que se presenta al final de la pandemia
de covid-19 que paralizó al planeta durante tres años (de finales de
2019 a 2022); la terrible y permanente guerra en Medio Oriente, con
la inhumana destrucción de Palestina por parte del bloque sionista
de Israel, conflicto de connotaciones históricas y que, además de
lo sociopolítico, contiene dimensiones religiosas. La inestabilidad
política y militar en África, donde lo que se busca es liberarse del
dominio de las grandes potencias europeas. A lo anterior hay que
sumarle la cruda realidad del calentamiento global, con semanas
de temperaturas altas nunca experimentadas, el nacimiento de un
nuevo volcán en Islandia en una zona urbana y la terrible presencia
del huracán Otis en Acapulco, que pasó de ser una tormenta tropi-
cal a un huracán categoría cinco en pocas horas, destruyendo todo
a su paso. Al mismo tiempo, tres veteranos militares ya retirados
testificaron en la cámara de representantes de Estados Unidos y re-
velaron que el gobierno de ese país tiene en su posesión restos de
naves y de seres no humanos —según sus testimonios ante el Sub-
comité de Seguridad Nacional, Frontera y Relaciones Exteriores—,
a los que se conoce como UAP (Unidentified Anomalous Phenome-
na), antes llamados ovnis. Simultáneamente, surgen las alarmas
acerca del uso de la inteligencia artificial (IA), tanto en términos de

suplantación de identidades como en las posibilidades que tiene en tareas de creatividad artística que hasta hoy estaban realizando sólo los humanos. A esto hay que añadir el drama de la migración, donde millones de personas buscan condiciones de vida que les permitan sostener a sus familias con lo más básico.

El sufrimiento planetario tiene una contundente dimensión educativa. Los grandes congresos para mejorar la educación apuntan a afinar métodos de enseñanza de lo mismo que nos tiene en este estado. "Eficientismo", eso para ellos es mejorar la educación. No es educativo desarrollar, estudiar y discernir acerca de lo que nos ha separado y mantenido en permanente confrontación a lo largo de nuestra historia.

Las grandes corporaciones podrían hacer mucho más que los ciudadanos de a pie. De hecho, creo que en las entrañas del poder hay gente despierta, trabajando por la integración planetaria, aunque no podemos saber en qué porcentaje. La mejor manera de actuar tiene que ver con el despertar personal de la consciencia, buscando y encontrando con quiénes compartir el mismo torrente energético. Hablamos de una tribu en la que puedes aplicar, entre otras cosas, lo aquí expuesto, independientemente de practicar la religión que hayas elegido. Incluso lo puedes aplicar si eres ateo; si no crees en Dios, cree en ti. Lo único que necesitas es empezar a subir los peldaños de amor por ti y por la humanidad, es decir, por la vida, desarrollando una paz imperturbable. Para cruzar ese sendero, es importante que te apoyes en guías, o en un maestro, si éste aparece. Ésa es la danza hacia el nuevo tiempo.

Cuando la consciencia se aterriza de modo sólido ya no se va. Quien la adquiere se vive como un ser individual, sirviendo a la civilización. Somos la aventura humana y en nosotros está dignificarla y elevarla. Hemos recorrido en este libro la grandeza de los toltecas, los griegos, los egipcios; sabemos algo de nosotros por los antiquísimos registros cuneiformes de la antigua Sumeria; los vedas nos cuentan según su cultura quiénes somos, así como hablan de la naturaleza de la vida los chinos, los árabes, los tibetanos, los mayas y demás culturas que conocieron la grandeza del espíritu que nos anima.

Somos los protagonistas. Al hablar de la colectividad apelo a ti como ciudadano del mundo, me refiero a tu estar, a tu andar, a tu historia, a tus ancestros, a tus hijos, finalmente a tu propósito de vida.

Muchos miles de seres estamos aquí para acompañar ese cambio de ciclo, ese salto hacia la integración como raza. Lo hacemos recordándole al humano que lo puede llevar a cabo.

A mí me gusta decir que la vida es una navegación y ser buen marinero tiene que ver con tener en cuenta las mareas, atender las señales del viento para ver si se avecinan posibles tormentas. A veces se vive en medio de fuertes oleajes y hay que saber en qué posición poner la vela; a veces el mar es calmo y la brisa apenas se deja sentir. La biografía de esa navegación es autorreferencial: cada cual tiene su faro y una brújula interior que se forjan caminando la propia historia.

La huella que hemos dejado a nivel civilización es fácilmente palpable. El planeta se ha visto cimbrado por sus hijos, los humanos, en una explotación de recursos inmisericorde, pero ¿hay una huella personal?, ¿cuál es?, ¿qué dejaré al mundo cuando me vaya? Son preguntas importantes que poco a poco vamos resolviendo, en un camino donde empezamos a configurarnos como danzantes de la transformación de la vida. Una danza estética, ética y creativa.

A principios del siglo XXI se difundió una serie de valientes documentales titulados *Zeitgeist*. Aunque parecían producto de la ciencia ficción, mostraban fenómenos muy reales. El primero de estos documentales, *Zeitgeist the Movie*, muestra la realidad del sistema financiero internacional. Sin embargo, señalar responsables de alguna manera nos alivia de nuestra propia responsabilidad, colocándonos como víctimas de estos controladores planetarios. Los

responsables somos la humanidad entera y es la humanidad la que
está en posición de resolverse, o disolverse.

Estética y ética, la danza creativa

El objetivo fundamental de todos los seres humanos es alcanzar la
felicidad. No obstante, la felicidad es un concepto abstracto. ¿Qué
significa ser feliz? Algunos definen la felicidad como un estado de
ánimo en el que la persona se siente satisfecha al disfrutar de lo que
desea, pero a veces la vida no te da lo que deseas, te da lo que eres,
porque la vida también es un espejo. Sobre él proyectamos nuestra
idea del mundo e interactuamos de acuerdo con esa idea. Si las cosas salen como salen, es porque actuamos como actuamos. Mirar lo
que la vida devuelve es mirarse.

Mas allá de definiciones formales, la felicidad es para mí el encuentro de la persona con su propósito de vida, es decir, llevar a
cabo su misión; distinguir y transitar un rumbo que dé sentido a su
existencia. Si asumimos que estos objetivos varían según la naturaleza personal, entonces la felicidad tiene caminos diferentes para
cada cual. En los capítulos anteriores he expuesto la necesidad de
ser fiel a sí mismo, lo que he traducido como pertenecerse, donde
pertenecerse es no vivir enajenado, no estar penetrado por falsas
necesidades sembradas por una sociedad consumista que promueve
la insatisfacción.

En estos tiempos de gran desarrollo tecnológico la oferta de dis-
tractores es altamente invasiva. En esta distracción, la persona de-
satiende dos de las cosas más sagradas de la vida: sus habilidades
y talentos. Es importante hacer un alto y preguntarse acerca de la
identificación personal con el propio propósito de vida. Las condiciones de competencia exigen eficiencia en el desarrollo de la actividad laboral. Ante esa presión, la sociedad humana se encuentra

en un dilema en el que hay que elegir entre ser eficiente y producti-
vo, o ser fiel a los talentos individuales Quienes logran resolver esta
disyuntiva son las personas que hacen todos los días lo que aman.
¿Qué mejor manera hay de acercarse al éxito y a la felicidad?

Existe un rebaño y permita mi lector hacer la analogía con una
gran masa movida por un titiritero. Cuando la persona empieza a
pertenecerse deja de vivir enajenada, es como si la marioneta misma tomara unas tijeras y empezara a cortar los hilos que la mueven.
El titiritero entra entonces en alerta y lanza amenazas de eternos
infiernos y otras condenas para volver a la normalidad a sus ovejas.
Para imaginar al rebaño, vea mi lector los programas de concursos
de las televisoras o bien los que comentan acerca de chismes en el
mundo de la farándula. Observe después a las masas que se desplazan en el metro o los circuitos automovilísticos, en las tiendas
comerciales, en las grandes avenidas. Vea los océanos de gente. Diferentes componentes de un masa donde se nace, se aprende un
guion, se trabaja, nacen hijos, se ríe y llora, se envejece y muere.

Cuando se empiezan a cortar los hilos estamos hablando en
principio de crear la propia obra artística, nuestra vida. Ese arte alude a la estética, donde la persona quiere dejar de percibirse como un
garabato. Si esa obra estética se sale del encuadre de la normalidad
se inicia la propia danza, se habita una transmutación constante. En
ese punto, la belleza invita a la persona a actuar con ética, le acerca a la idea del Quetzalcóatl colectivo, colectivo porque distingue
a otros seres en el mismo proceso. Estas dos transformaciones, la
ética y la estética, la llevarán a concebirse creativa, para hacer de su
vida un nuevo invento. Eso está ocurriendo en miles de ejemplares
humanos, una revolución silenciosa.

Habrá de contactar el danzante con su verdad. Verdades hay
muchas, cada cual tiene la suya. Pero hay verdades contundentes
alrededor nuestro —más allá de las propias—, algunas de ellas tristes; no querer verlas hace que se vivan autoengaños, es así como hay

quienes prefieren vivir sin quitarse la venda. Pero hay otros danzantes impecables, que no se impregnan de alegrías falsas, admitiendo que hay tristezas verdaderas. Entonces, sí nos estamos refiriendo a esa figura estética y ética que ejecuta una danza, esa que pretende no ser un garabato. Habrá que ejercitarse en aprender a pensar en lo que parece verdadero, esa verdad interna que se conecta con el propósito de vida, y con hacer lo que se ama. El contacto honesto con su danza le aportará al bailarín momentos felices.

La danza creativa incluye, por supuesto, el encuentro con maneras efectivas de generar los ingresos necesarios para que vivas en paz, desarrollando la práctica de colocar tus servicios o productos en el mundo que te rodea; la ética y estética te llevan a vender belleza y cosas útiles.

La danza estética y ética sabe que lo único que se está perdiendo son sus cadenas. La danza inconsciente es la danza del monigote, es decir, del ego exacerbado; pero estamos hablando ya de la danza estética, ética y creativa, donde nos damos cuenta de que, si algo tiene valor, es nuestro tiempo.

Al entorno consumista no le sirve la gente en paz, le sirve la mente insatisfecha. No es rentable promover que no hay que tener más que lo necesario para encontrarse. No se puede saborear poco, dice el mercado; debe ser mucho.

El ojo que ve hacia dentro, la presencia consciente, te regresa a creer en tu danza desaprendiendo las creencias adquiridas. Volver a ti puede ser un proceso inimaginable, unas veces catártico y ruidoso; otras con silenciosas lágrimas; siempre es diferente, como diferentes son las historias personales.

Se tiene la creencia de que el despertar es una iluminación siempre gozosa. Lo cierto, sin embargo, es que ese despertar es, a veces, un proceso destructivo porque conlleva una demolición: caen paredes, se derrumban creencias. Pero ocurre cuando hay una total entrega al proceso, si no crees en ti no se da; cree en la vida que vives y te vive.

¿Y para qué? ¿Qué es lo que estamos buscando? La respuesta es plenitud, ese estado que, sin tener nada, lo tiene todo. Entonces las cuatro paredes que constituyen el mundo estructurado se derrumban. Cierto que se necesita valor para ver caer lo que se sostuvo como cierto toda una vida, lo que tanto se defendió; sin embargo, es la única manera de poder cimentar lo nuevo. Ese mismo derrumbe puede ocurrirle a la civilización actual; hay tanto que cambiar, que a veces una demolición haría caer en definitiva lo que se niega a desaparecer.

Pero vuelvo al proceso individual, el del danzante que corta los hilos que lo han movido. Ahí empieza a ocurrir que vives en el laberinto sin formar parte de él, observas su movimiento desde la paz, te recuerdas en tu búsqueda y dolor, y lo bendices todo porque lo conoces por haber recorrido ese camino. Cuando ocurre lo llevas a tu vida, a tu casa, a tu ocupación diaria, a tu pareja, a tus padres, hijos y hermanos, a tus amigos... Así es como se aterriza y se va ensamblando en ti un estar basado en ser.

En la danza ética y estética te haces de una legislación interior irrenunciable. Te sabes el caminante de tus pasos, y dejas de culpar al entorno, a la vida o a Dios. Puedes extraviarte y te reencuentras, y aunque puedes crecerte ante tus logros y disminuirte ante tus pérdidas, al final vuelves a saber que siempre has sido el mismo, viviendo cosas distintas, ni mejor ni peor, sólo un caminante. Cada vez más lejos de la ilusión, cada vez más cerca de una presencia poderosa que no tiene juicio ni deseo, pero sí contemplación y asombro.

Desde ahí miras con otros ojos, escuchas con otros oídos. Y si te vives deseoso de algo asumes los riesgos y participas en el juego; y si compras una casa la disfrutas y si la pierdes andas en la calle; y si tienes dinero vas a los mejores restaurantes y si no comes donde puedes; y luego tienes una pareja que te ama y luego no, pero sabes que nada de eso te hace mejor o peor. Así es la aventura, a eso vinimos. Por eso los grandes maestros aman a la humanidad entera así como es, independientemente de sus actos, porque esos avatares se desplazan por encima de los juicios de valor y de alguna manera se sitúan en la parte alta del péndulo, donde se genera el movimiento; donde no hay error, hay vida.

La Tierra se está transformando, millones de personas también. No nos queda de otra, la constante es el movimiento, el movimiento es uno con la eternidad. Todo puede pasar en ese transcurso que es fascinante. En el proceso, el incesante parloteo mental de la interpretación se hará presente en ti y en mi, es ruidoso, puede continuar clamando por volver la atención a la relación cuerpo-mente anterior, es así la naturaleza del ego; pero por dentro te vas haciendo de un ecosistema, tanto corporal como emocional, que es consciente de que todo es ritmo. Los músicos de una orquesta esperan el momento exacto en que deben intervenir en función de un ritmo; el campesino siembra y riega asumiendo que la naturaleza tiene una cadencia, porque todo tiene su naturaleza, todo tiene su ritmo.

Poco a poco el danzante se acerca a la concepción de un "no hacer", donde deja fluir a las cosas sin forzarlas. Existe un concepto oriental conocido como *wu wei*, el arte de no hacer, el cual tiene una naturaleza paradójica. Al respecto, decía el filósofo y poeta Lao-Tse: "Cuando llegas a la no acción, nada queda sin hacer". Este tipo de expresiones nos acercan un poco a su comprensión, ya que no tiene un significado fijo. Hay quien habla del *wu wei* como acción sin esfuerzo, o bien, dejar que las cosas sucedan. El mundo seguirá el rumbo hacia su transformación acorde con su naturaleza y tú también. Fluir es confiar en la vida, saber que el mundo se mueve solo. En lo personal, la corriente de la vida me ha llevado a conocerla y contemplarla, es pura magia hacer cientos de cosas sin forzarlas, en una danza donde vas moviendo tus fichas sin forzar nada, según los sorprendentes movimientos del entorno.

Para quien busca una enseñanza, existen hoy cientos de posturas, pero el silencio interno es fundamental en todas ellas, pues genera una autopercepción que ayuda a los individuos a no formar parte de los rebaños humanos. Hay personas que brillan con luz propia, que han adquirido una suave solidez basada en un contacto profundo y sencillo con su interior. Esas personas son convenientes para todo aquel que está en este proceso, se acercarán a ti, se te harán visibles al dar tus pasos.

Se tiene la idea errónea de que el cambio dimensional planetario es como llegar a otro lado, como si un día abriéramos los ojos y estuviéramos en una tierra en donde está todo resuelto, donde todo mal quedó en el pasado. Algo parecido ocurrió con el 21 de diciembre de 2012, al conocerse que el calendario maya fijaba esa fecha como el fin de una era. Mucha gente creyó que el día 22 de diciembre el mundo habría cambiado. Sí, concluyó una era y empezó una nueva, pero los procesos de cierre y apertura son graduales, pueden llevar muchos años, ya que tienen tamaños y dimensiones planetarias.

Yo sé que aún no acabo de cortarme los hilos; sin embargo, le he encontrado el gusto a esta danza: corto por aquí, luego corto por allá, es apasionante. No me pienso regresar, porque no me atrae ser una persona normal, me atrae más dejarme atravesar por la vida. Me gusta el amor porque atrae energías llenas de limpieza, es el amor una energía gozosa que salpica dicha, lo elijo como sendero. Al atravesar el escenario de esta danza, sé que la adversidad existe, que el péndulo no deja de moverse. Sé, mientras danzo, que mi mente me cuenta historias, que se anticipa e interpreta, que compara, señala, juzga y fantasea, aun así la amo y la abrazo hasta que se queda quieta. La integración humana se construye y vive con episodios impredecibles, somos sus actores, sus danzantes. En todo este movimiento planetario está ocurriendo también que algunas personas que viven extraviadas y con un nivel vibratorio bajo están en convivencia con otros seres un poco más trabajados. Ellos les sirven de guías, son de gran ayuda.

Sólo mantén vigente el principio que dice "Lo que crees lo creas", así como el que dice "Estás donde está tu atención".

Yo te abrazo.

๑ Máximas ๑

๑ Del único que soy maestro es de mí mismo. Soy un alumno de mi andar, un aprendiz de vida. Sólo practicando me forjo; el entorno me sirve de espejo.

๑ No veas hacia otra parte. Está bien que uno trate, cual árbol frente al río, el difícil arte de transformarse a sí mismo.

๑ Quien se vence a sí mismo adquiere fortaleza, quien es títere de sus impulsos se debilita. El guerrero espiritual es aquel que es capaz de enfrentarse a su propia sombra. Sin embargo, sé que hay veces que es necesario combatir hacia fuera. Cuando eso ocurre, forjo mi estrategia manteniendo siempre una ética de lucha.

๑ ¿Cómo usas tu energía? La energía es neutra y anima diversos aspectos de lo que nosotros percibimos como realidad. De cómo uses tu energía depende cómo la experimentes. El amor es una energía que atrae dicha, pero hay que hacerle un lugar, hay que vaciarse.

Agradecimientos

A María Guadalupe García, mi esposa y Maga de mis días.

A Jonás, maestro de sus pasos.

A Natalia, porque cura con su presencia.

A Sebastián, dibujador de la sonrisa del viento en el piano.

A mis padres y hermanos que ya no están aquí.

A Arturo y Fernando Quezadas, por ser referencia de mi andar.

A Cecilia Barragán, por ponerle alas a este libro.

Obras consultadas

Cervantes Saavedra, Miguel de, *Don Quijote de la Mancha*, Galaxia Gutenberg.

Comte-Sponville, André, *La felicidad, desesperadamente*, Paidós

_____, *Pequeño tratado de las grandes virtudes*, Paidós.

Lao-Tse, *Tao Te Ching*, Herder.

Los Tres Iniciados, *El Kibalyón*, Planeta.

Nietzsche, Friedrich, *El nacimiento de la tragedia en el espíritu de la música*, Elejandria.

_____, *Sobre verdad y mentira en sentido extramoral*, Tecnos.

Platón, *La República*, Gredos.

Robinson, Ken, *El elemento*, Penguin Random House.

Ruiz, Dr. Miguel, *Los cuatro acuerdos*, Urano.

Sartre, Jean-Paul, *El existencialismo es un humanismo*, Edhasa.

Schopenhauer, Arthur, *El mundo como voluntad y representación*, Porrúa.

Wolkstein, Diane y Samuel Noah Kramer, *Inanna*, Conaculta.

Esta obra se imprimió y encuadernó
en el mes de abril de 2024,
en los talleres de Impregráfica Digital, S.A. de C.V.,
Av. Coyoacán 100-D, Col. Del Valle Norte,
C.P. 03103, Benito Juárez, Ciudad de México.